培养优等生

第一金榜读书法

岳墨兰 主编

黄河水利出版社
·郑州·

图书在版编目（C I P）数据

第一金榜读书法 / 岳墨兰主编. — 郑州 ：黄河水利出版社，2013. 11
（培养优等生）
ISBN 978-7-5509-0616-7

Ⅰ. ①第… Ⅱ. ①岳… Ⅲ. ①中小学生-读书方法 Ⅳ. ①G632.46

中国版本图书馆 CIP 数据核字（2013）第 275922 号

出版发行：黄河水利出版社
社　　址：河南省郑州市顺河路黄委会综合楼 14 层（编码：450003）
电　　话：0371－66026940
网　　址：http://www.yrcp.com

印　　刷：三河市人民印务有限公司
开　　本：787 mm×1 092 mm　1/16
印　　张：11.5
字　　数：207 千字
版　　次：2013 年 11 月第 1 版　2021年8月第2次印刷
定　　价：39.90 元

目 录

强效记忆法

完整笔记法

快速阅读法

提高效率法

摆脱低潮法

附　录

强效记忆法

1 丢弃已熟记的书本

如果自认已经“完全理解”书中的内容，那么便立即把书丢掉。

（山野麻美　教育系三年级）

参考书通常又厚又重，携带起来非常不便。所以有人大胆地将它拆开，仅随身携带需要的部分，这个人就是山野麻美。

“我不喜欢携带重的东西，但为了随时随地都能把参考书拿出来看，所以想出了这个方法。”

她将参考书或教科书拆开，大约每十页为一叠。不要以为她会用剪刀或美工刀将书工整地裁开，她只是用手直接把书撕开，而且没有用订书机装订起来。

“用工具把书整齐地裁剪好很费时间，相对来说，用手撕则省时省力。不过，用手撕下来的纸张边缘不齐，又没有装订，所以看起来会十分凌乱。但书本之所以重要并不是因为那些纸张或者外观，而是纸张上面的知识，所以不用太在意

书的样子,用完之后随意丢弃也不用觉得可惜。”正如她所说的,这些破碎而零散的纸张用完之后,马上便会被丢弃。

“把内容记住之后我就会立即把书丢掉。例如考完试或是反复阅读后,觉得已经完全理解内容时就会丢掉。因为既然已经完全理解,就无需再保留了吧。”

如果已经完全理解书里的内容,就可以把书立即丢掉

把书丢掉之后,只好依赖已经记在脑子里的知识。这种果断的做法或许正是记忆的秘诀之一。从她的话中,我们可以很好地理解这一点。

“把书拆开,每十页作为一叠,这样便于随身携带,在公车上都可以利用任何一点空余的时间拿出来看。看了三四遍之后便把书丢掉。丢掉之后,对内容感到怀疑时,只好努力回想。因此,在阅读时会非常认真,直到完全记住。”

2 大声朗读助记忆

活用身体的多种感觉。

（本桥宽生　文科一类一年级）

“学习时，发出声音是帮助记忆的最好方法。”这是本桥宽生的意见。

“只用眼睛看是很难把内容记住的。除了眼睛外，你还得使用耳朵、嘴巴将书的内容传入脑子里。根据我过去的经验，反复阅读并读出声音，记忆的效率远高于默默阅读。”下面是本桥宽生采取的方式。

反复阅读并读出声音，记忆的效率远高于默默阅读

“首先，单纯地‘照本宣科’，一字不漏地把书本上的内容读出来，如果在家里，声音则尽可能放大，最好高于普通说话的声音；然后，闭上眼睛背诵；接着，暂时离开反复阅读并读

出声音,记忆的效率远高于默默阅读这一部分,继续阅读其他内容。过一段时间后再回到原来的地方,并闭上眼睛背诵。如果闭上眼睛都能流利地背出来,就算及格了。

“如果不熟练或者压根背不出来,则需要继续反复练习。要完全记住内容,反复阅读是非常重要的。”

第二天再次高声朗读,并以此作为复习,效果更佳。至于利用朗读来记忆的诀窍,本桥说:“在朗读之前,必须先理解内容,然后才读出声音,这样就不用再深入思考了,只要直接记住即可。”

也就是说,记忆时要专心。

本桥表示,在开始朗读之前还有一点需要注意,就是“绝对不能坐在桌子前”。

“如果长时间坐在桌子前,因为这样容易感到沉闷。最好边走边读,充分活用身体的各种感觉。我就是靠在屋子里边走边读来帮助记忆的。”

3 一气呵成通读记忆法

不画线，不书写，不作任何记号。

（内田成美　文科三类二年级）

目前，虽然市面上有各式各样的参考书出售，但内田成美却对这些参考书熟视无睹，而只以教科书作为教材。

她表示："教科书已经囊括了所有的重点。我认为，如果能将这些重点全部都装入大脑的话，根本不需要额外的参考书。所以，我几乎没有用过参考书。"

更令人惊讶的是，她的教科书里没有任何记号，非常干净。"一般人认为，如果只读一本教科书，书中应该会布满画线或记号，以标记出需要着重记忆的部分，但我认为这样是错误的做法。因为这会让人产生'只记住这部分即可，其他内容无所谓'的错觉。"

下面这段话更耐人寻味："我本来就不喜欢把教科书画的乱七八糟。对我而言，阅读教科书与阅读其他书籍是一样

的。保持书本的清洁不是更加方便我们阅读吗?”

她像阅读其他书籍那样来阅读教科书,并在阅读的过程中记住内容。同时,尽量保持教科书的干净以营造享受阅读的感觉。那么,她具体的做法到底是怎样的呢?

内田成美原本就喜爱阅读。现在,她将阅读的乐趣融入阅读教科书中去,一边读一边把内容记住。

“反复阅读,将内容输入到大脑里。而且,手里也不拿笔,就像阅读课外书籍一样。即使不用手写,反复阅读多次,也还是可以把内容记住。”

像阅读其他书籍那样来阅读教科书,在阅读的过程中记住内容

至于这种方法的秘诀是什么,她回答说:“我并不是囫囵吞枣死记全部内容,而是掌握整体的过程,并理解所有词语的意思。一旦碰到困难或不懂的部分就立即查证。重新阅读时,则从查证处稍前的位置开始阅读。”

不过,“速读”也是基本原则。

“为了缩短时间,我尽可能快速阅读。因为这样可以浏览更多内容,同时还可以训练出掌握考试时间的能力。以英语考试为例,必须在有限的时间内阅读很长的文章,所以我平

常十分注重锻炼阅读速度。”

她表示,不断反复练习自然就能学会速读的诀窍。

“刚开始时,速度不要太快,先了解内容;之后,反复阅读,记住词语的意思和人名等,随着阅读次数的增加,速度也随之加快;最后,由于大脑对内容已经有了大致印象,因此仅仅是快速浏览文章,就能感到书的内容源源不绝地输入到大脑中。”

4 利用广告时间来记忆

活用广告时间!

(长谷川学　文科一类一年级)

“默记是可以利用零碎的空余时间来进行的。”东大学生中,甚至有人利用广告时间来记忆,这个人就是长谷川学。他说:“与其在广告时间休息,不如利用它来多记一些东西。在短暂的时间里,虽然很难记住较多内容,但记住一两项仍是可能的。”

在嘈杂环境中利用零碎时间记忆

当然,要在嘈杂的环境中利用零碎时间记忆,自然是有一定诀窍的。

“由于电视广告的时间十分短暂,记忆时不要太贪心,例如想一口气就记住五个单词。最好轻松为之,保持‘能记一点是一点’的态度,反而容易记住。当然,如果电视节目太精彩让你无法集中精神记忆,那也不必勉强或懊恼。因为只有保持轻松的心情,才会有理想的效果。”

5 记住整篇文章

阅读三次胜过手写一次！

（水野香橙 文学系三年级）

老师们常说，要想记住书本上的内容，最好拿出纸和笔，边写边记以加深印象，也就是所谓的“好记性不如烂笔头”。

这种方法确实可以产生一定的记忆效果。不过，水野香澄却使用完全相反的方法来读书，并轻易就达到了记忆的目的。

“反复阅读要记忆的内容。通过不断阅读来记忆，可以记住大量内容，有时甚至可以将整篇文章记住。”

这就是水野的读书法。以历史为例，她先掌握历史事件的来龙去脉，争取完全理解整篇课文，直到没有任何疑问。然后反复默读学习中的内容，以便记住课文中提到的人名、年号、背景、过程等。

“如果花费的精力一样多，那么‘反复阅读数十次’应该

比‘烂笔头’更适合我。”

水野认为，阅读三次比在纸上书写一次更有助手记忆。她说：“想要记住某些资讯，‘浅浅接触多次’绝对比‘深深接触一次’更容易记住。”

这种做法的原理是反复阅读以加深印象，因此所选择的教材也必须保持一致，切忌今天读这本教科书，明天又换那一本参考书。使用同一本教材，并且每隔两至三天重新再阅读一次，十分有助于记忆。

水野还会用颜色笔标出重要的部分，以便在阅读时特别加以注意。这样做容易对这部分内容加深印象。在备考过程中，这一招相当有效。如果阅读多次后，发现仍有疑问之处或是尚未记住的单词，可以画上记号，作为之后再阅读时的重点。

与“烂笔头”的抄写方法相比，这种方法的优点是没有地点的限制。水野在上学放学搭乘公车时就会使用这种“阅读记忆法”，回到家里则专心对付必须在书桌上完成的功课。

水野式的读书法还有一个特征，就是“记住整篇文章”。

“记住整篇文章，就可以一下子记住好几个重点，有种‘占便宜’的感觉。而且，在考试中，只要能回想起其中的一点，就可以联想到同一篇文章的其他部分，这是这种记忆法

最大的好处。”

她认为这种“联想”的能力对考试十分有帮助。下面就以英语为例，来说明这种方法的好处。

英语中的某些单词必然有一些“关联词”。例如文章里出现“需求”(demand)一词时，经常也会出现它的反义词“供给”(supply)。如果先记住这些“关联词”，那么考试时只要出现其中一个单词，脑子里自然会浮现出其他相关的单词。

> 记住整篇文章，就可以同时记住相关的内容

“某些英语单词常会同时出现在同一篇文章中，尤其是考试的时候。举个最简单的例子，英语中出现‘信’这个单词时，往往也会出现‘写’、‘回信’等单词。因此，如果记住了整篇文章和其中相关的单词，考试时就可以立即联想出来。这样一来，效率当然高多了。”

这是水野的想法。当然并不只适用于英语。以历史为例，当出现某个皇帝的名字时，必然与他的国家、某个条约或某个事件有关。记住整篇文章，就可以同时记住相关的内容。由此及彼来思考，对学习任何学科都非常有效。

6 红色塑料板游戏记忆法

红色塑料板便于制作，也有助于记忆。

（佐藤礼奈　工学系三年级）

透明的红色塑料板已经成为学生读书时必不可少的工具。这种塑料板的用法是，将其盖在专用的绿色笔涂过的部分或是用红笔书写的文字上，就可以隐藏这部分的内容。佐藤礼奈就是众多喜爱使用这个工具的学生之一。

"将红色的塑料板盖在文字上面就可以让文字消失，这会让人产生一种玩游戏的感觉。而且，我在实际使用过之后，发现它真的很有用。学习的时候，把需要记忆的内容隐藏起来，是非常适合默记的。"

佐藤对这种工具赞不绝口。她认为，背书时单纯使用荧光笔或彩色笔来做记号以帮助记忆并不是好方法。

"用荧光笔或彩色笔做记号，会发生那种自以为已经记住了，其实并未记住的情形。因为只是阅读重点部分并不可靠。还是得将重点掩盖起来，检测一下自己是否真的能把内容准确地背出来。”

那么她是如何使用这种红色塑料板的呢？

将红色的塑料板盖在文字上就可以使文字消失，有种在玩游戏的感觉

“做笔记的时候，把老师重点讲解或写在黑板上的内容用红笔写下来。复习时，再用红色塑胶板把这些内容‘隐藏’起来。于是，笔记就成了现成的题库。”

这样一来，就可以把笔记当作练习册，自己反复进行复习与测验。

“先阅读一两遍，然后用红色塑料板把需要记住的内容盖起来，看自己是否记住；接着，在没有记住的地方画上记号，并多读几次。只要连续阅读三次以上，基本上都能把内容记住。另外，上学放学搭乘公车时，如果再一手拿着红色塑料板，一手拿着书，用轻松的、像是在玩游戏一样的心情复习一下，效果会更好。”

7 涂上不同颜色标志记忆点

在已经记住的部分而不是应该记住的地方做记号。

（石原绿　文学系四年级）

在重点的地方做记号以加深印象，可以说是最普遍的读书法。但是，在已经完全记住的地方做记号的方法却很少见。石原绿就是采取这种方法来帮助记忆的。

用不同颜色的笔涂上三次就表示已完全记住

“不论教科书、参考书或英语单词集，我都是在已经完全记住的部分做记号。这样就可以清楚地知道自己记住了多少，同时还会产生一种成就感。此外，用不同颜色的笔涂上三次就表示已完全记住，会让书本变得五颜六色，让人感觉趣味十足。还有一点，当看到自己‘记住了这么多’时，就会受到激励，并产生学习的欲望。”

具体的做法是，无论是教科书还是参考书上，记忆的目标是上面的粗体字或英语单词。阅读第一遍时，一边阅读一边确认自己是否已经真的记住了。如果头脑里能够立即浮现答案或者写法，就代表及格，然后就在这个地方作上记号。下次阅读时，换另外一种颜色的笔，并采取同样的做法，在已经记住的地方做记号。如此反复阅读，当不同颜色的笔画了三次之后，就表示“已经完全记住”，之后不再复习也没关系。当书中所有的内容都画上了三种颜色，就意味着你已经把整本书的内容都记住了。至此，大功告成。

“彩色记号会逐渐增加，这时，只要重点加强记忆那些尚未画满三次或完全空白的地方即可。这时候，彩色笔具有突显弱点的作用。”

石原绿还附带说明提醒大家，最后不要忘了整体再复习一次。

“即使所有的部分都画上了三种颜色，表示已经全部记住了，但为了慎重起见，每隔一个星期左右，我还会再通读一次。只有这样才能把内容完全记住。”

8 以自制单词集为记忆蓝本

选择单词集的时候，以所收录内容的集中程度作为选择的标准。

（安藤守　经济系三年级）

如何使用英语的单词集才最有效果？大概很多人都只是拿来死背。不过，安藤守使用单词集的方法却与大多数人不同。他会把单词集当做字典来用，并顺便把意思记下来。

“单词集一般会针对不同的群体来编写。例如针对高中生的单词集便只会收录应付高考所需记住的单词与意义。所以，用自制的单词集来代替字典，就无须记忆不必要的单词或意义，效率也就大大提高了。”

例如，阅读英文时，经常会碰到不认识的单词。这时，安藤就会查找单词集而非字典来了解单词的意思。

“字典中会收录许多生活中或考试中很少遇到的意思和例句，而为了应付考试的学生根本没有必要知道那么多。

我认为，只要知道单词最主要、最常用的意思即可。如果

碰到单词集没有收录而查不到的单词，就证明至少在备考这件事上，不知道这个词的意思也无所谓。所以，特别去查这些单词也没有太大的意义。因此，当碰到不认识的单词时，我都会去查单词集而不是字典。”

采用这种方法时，自然会遇到不认识的单词，由于未收录在单词集中而找不到具体意思。不过，安藤却将这种情况利用起来，以提高自己的英语能力。

用自制的单词集来代替字典，就无须记忆不必要的单词或意义，能把效率提高

“遇到在单词集中查不到的单词时，就在不了解这个单词的意思的情况下通读全文，再根据语境推测出该单词的意思。由于我平时就有意进行这种训练，没有刻意去记那些未收录在单词集中的单词，所以，当考试碰到陌生单词时也不会慌。可以说，这也是一种很好的训练。”

安藤非常推崇这种只记忆单词集中收录的单词以应付考试的做法。

“与字典相比，单词集所收录的单词相对少一点。如果知道只需要把这些单词背下来就可以了，学习的心情就会变得

轻松。”那么安藤具体是怎样做，才将单词集完全背下来，记在脑中的呢?

“平常阅读英文时，碰到不懂的单词就查单词集，并在单词旁做上记号，表示这是‘尚未记住的单词’，需要特别留意和背诵。在做记号的同时，还可以顺便把同一页里做了记号的单词再看一遍以加深印象。如此反复几次，就会收到意想不到的效果。”

由于每次只要把需要查证的单词以及同页内做了记号的单词记住，所以并不需要花费太多精力。

如果推而广之，这种方法并不只适用于背诵英语单词。可以说，无论学习什么科目，只要遇到需要背诵、记忆的内容，都可以使用这种记忆法。

K书秘决大比拼

阅读记忆法VS手写记忆法

在实地访问了部分东大学生之后，我们发现他们所采用的记忆法大致可分为“阅读记忆法”与“手写记忆法”两种。

“阅读记忆法”是依靠阅读来帮助记忆，只有在遇到需要重点记忆的内容时才需要动手做记号。采取这种方法的人，几乎都是遵循叙述的流程来记忆教材的内容。这就好像在阅读一个故事一样，先将故事的大致轮廓以及发展过程输入脑海中，再完全理解教材内容，并准确地记忆。如果再进一步调查就会发现，推崇“阅读记忆法”的人，平时大多也喜爱阅读，这个发现很有趣。

相对而言，“手写记忆法”就是先把重点归纳出来，然后通过不断手写来帮助记忆。采用这种方法的人通常认为“好记性不如烂笔头”，并且觉得“在纸上反复书写更有助于准确记忆，也更有效率”。

另外，还有些人会把这两种方法结合起来使用：这样一来，就可以充分调动身体的多种机能。这种记忆法通常被称为“综合活用法”。

使用“综合活用法”的人首先会大声朗“读”教材的内容，同时还一边仔细倾"听"传入耳中的声音,并留心发声时嘴巴"说"的动作,并以此来帮助记忆。如果遇到特别重要的内容,则用手反复书"写"以加深印象。换言之,这种方法充分利用了"听、说、读、写"四种身体机能。

其实,只要结合自身的特点和喜好,以上三种方法都能帮助大家有效地记忆书本的内容。

结论:"阅读记忆法"适合喜爱阅读、能长时间记住故事的人;"手写记忆法"适合重视效率,而且不惜付出劳力的人;"综合活用法"则适合所有人。

9 睡眠记忆法

利用睡前"听课文"的方法来帮助记忆。

（藤田智泰 文科二类一年级）

关于英语的学习，很多东大学生都认为："应该先把意思理解好了再进行记忆。"所以他们习惯于先翻字典仔细查证英语单词的意思，然后把文章分解成几个部分，逐段翻译成日文，再把文章中出现的每一个陌生单词都记住。实际上这并不是好的学习方法。要读懂较长的英语文章，必须从通读全文出发，尝试从整体上理解文章的意思。为了达到这个目的，依靠上下文的关系推断出某些陌生单词的意思，然后进行"直接理解和记忆"是非常重要的。

本节提到的藤田智泰，就是十分推崇"直接理解记忆"的一名学生。"遇到特别重要的英语单词，我会把整篇文章记下来。因为这样可以同时记住文章的结构、关键的句式或短语等。"

藤田的做法也非常有趣。

“我通常会在睡前靠‘用耳朵听’这个办法来帮助记忆。当我出现睡意时，就打开提前准备好用来收听英语的设备，例如 MP3 之类，然后边听边入睡，这已经成为我每天的例行功课。这种做法很神奇，即使你已经进入睡眠状态，但只要每天反复听，仍然能在脑中留下深刻印象。”

在入睡前单纯靠听就能在脑中留下印象

这种“睡眠记忆法”最让人吃惊的地方就是，即使使用的人没有刻意地、专心致志地聆听，但只要不断重复，还是能把部分内容记住。

“通常我会选择在入睡前听一些已经理解了的英语文章。之所以选择听这些已经理解的内容是因为无需再动用脑力，也可以防止陷入思考的旋涡而导致睡眠质量下降。每天听三十分钟已经理解的英语文章，同样的内容不断重复，自然就可以记住整篇文章的文法和句式结构，还能记住单词的读音。但千万不要有‘非记住不可’的想法，只要保持轻松的心情单纯地去收听即可。其实，在入睡的状态下，也只能是听而已。”

虽然使用这种记忆法成效较缓慢,同一篇文章需要花费多日才能记住，但这种轻松的不必花费太多精神的记忆法，只要在入睡前单纯靠听就能在脑中留下印象,十分适合不善于记忆的人。

10 利用笔记本封面提示记忆

在显眼的地方做笔记能使效果倍增。

（高柳健人 工学系四年级）

做笔记的方法因人而异，高柳健人的方法却非常罕见。他会充分利用笔记本的封面，把解题的方法写在上面。

“例如用来收集归纳数学题的笔记本，我会在封面上写上一些常用的解题方法。在解数学题时，如果遇到困难，我会先看答案或请教老师，掌握了解题方法之后便将解题思路或者线索记在笔记本的封面上。也就是说，把解题的思路或者线索简单地写在笔记本封面上。”

我们来看看高柳健人具体是怎么做的。

“以后遇到相类似的问题，如果能顺利解开就证明你已经掌握针对这种题目的解法了。如果还不能很好地掌握，那就再看看笔记本封面上的提示。看完提示后能够顺利解开，那么该题目就可以归类为‘还差一点即可完全掌握的问题’。

如果看了提示后依然无法破解，则将它归类为‘还需要重点加强的问题’。用这样的方法按照自己的理解程度来对题目进行分类。这样一来，我们便可以迅速发现自己不擅长或者还未完全掌握的题型，然后进行有目的的训练。而且只要看到封面上的提示，就能在脑中复习问题的解法，并且可以利用任何时间来进行，这是这种方法的最大优点。”

除了把数学题的解题思路记在笔记本封面上，也可以在学习别的科目时应用这个方法。无论是什么科目，其中必须记住的短语、难以理解的部分、自己感到棘手不好应付的内容等，都可以将对应的提示写在笔记本封面上，随时随地拿来复习。

充分利用笔记本的封面，把解题的方法写在上面

“只要把笔记本放在身旁，记在封面上的文字不经意地就会映入眼帘，根本无需翻开内页就能进行记忆，可以说是非常轻松。因此，将重点的提示或思路写在笔记本封面上，不知不觉间就能在脑中留下印象。而且，笔记本的封面空间有限，能记在上面的重点不会太多太复杂，当你想到只要记住这些重点即可的时候，心情上也会大大放松。”

写满解题思路的笔记本封面还可以被当作检查进度的程度表，当笔记本整本用完的时候，可以回过头来看看写在封面上的重点是否也完全记入脑子里了。

综上所述，善用笔记本封面的这种方法适合用在所有学科的学习上。

11 图像记忆好处多

以游戏的心态来制作帮助记忆考试重点的图像。

（吉村康　文科三类一年级）

要把长篇累牍的文章背下来，是相当困难的事。因此，很多人会在重点部分涂上颜色，用红笔做记号或是将重点另外整理抄写在笔记本上以帮助记忆。

但是吉村康的做法和别人不太相同。他是先画出图形，然后将重点写在图中来帮助记忆。

“以历史学科为例，先在纸上画出地图，然后在各区域的位置上写上同一时期内发生的事。这么一来，考试时如果出现某一国家的事件，整个地图就会浮现在脑中，同时还能联想起其他国家发生的事。借着视觉效果的帮助，很容易就能想起与地图相关的事物，这种效果是单纯地死记文章所无法达到的。”

吉村表示，在制作图表时还借助了不少友人之力。

“我请同学或朋友从不同的观点提供意见，这样一来我也能获得更多资讯。单靠一个人不可能兼顾到各个方面的知识,因此尽可能请其他人协助对扩大信息量十分有帮助。而且,与朋友们一起讨论也十分有乐趣。”

确实,与一个人坐在书桌前默默K书相比,摊开纸张,与友人一边说笑,一边将各种重点填入图中要有趣得多，而且也能够获得更多、更全面的知识。

先画出图形，然后将重点写在图中来帮助记忆

“以生物的光合作用为例，先画出叶子状的图形,再把相关的各种知识填进去，这样复习起来会感觉比较有趣。这种方法最适合应用在理科和历史中，效果也最显著。其他学科在操作上则较为不便。”

这种学习法虽然不适用于所有科目,但是利用视觉效果来记忆容易加深印象,而且与友人一起讨论也能增加学习的乐趣,对于其他学科或许也可以增加一些启发的作用。

12 一边书写一边记

书写记忆有助于考试作答。

（滨中雅裕　经济系三年级）

不论教科书、参考书或单词集，滨中雅裕在背诵记忆的时候采取的都是“书写记忆法”。下面是他的解释。

“我认为即使把参考书读一百遍，在解答问题的时候也未必能准确地写出答案，最好的记忆方法就是书写。如果平时学习的时候完全不需用到手，到了考试时常会觉得‘啊，这个我以前有读到过’，但是却无法想起确切的答案。当然，历史等科目单靠阅读来帮助记忆，答题的时候将整个事件的大致轮廓写上，还是可以获得一定分数。不过，其他一些需要准确无误地给出答案的科目如果没有经过手写来记忆，效果则并不明显。”

他还认为，将重点单独整理出来，归纳在笔记本中，这样虽然费些工夫，但是书写有助于记忆，仍应积极实践。

13 将整页内容记入脑中

将每一页教科书都当成图像记在脑中。

（土田真澄 经济系四年级）

土田真澄从不使用任何参考书，仅用教科书作为应付考试的复习资料。

“我认为将教科书整本记下来就已经足够。而且很多参考书或题库都不够完整，因此完全记住教科书上的内容才是上策。”

她的想法与前面所介绍的内田成美的方法相类似，不过两人在具体的做法上有很大差异。

“教科书中出现重点部分的时候，我会在旁边的空白处写上简单的说明，如果是人名，则会写上相关的年代等。即使在其他页面中出现相同的重点，我也会重复写上说明。之后如果再出现与该重点相关的新资料，我会再次回到前面加以补充。如此反复多次，自然就记住了那些重点。”

这就是她的做法。而且,一般其他人会记在笔记上的重点,她也会全部标记在教科书内。

“我的目标是完全理解教科书的内容，因此加注了不少相关资料帮助理解。当然,写在教科书内的做法也有借着手的动作来帮助记忆的用意。把重点都记到书中之后,只要用一本教科书就能读到所有相关的资料,到时候只要全心全意将内容记下来即可,十分方便,也可以减少携带时的负担。”

土田真澄就是这样在书中加标记之后,反复阅读同一本教科书,将内容记在脑中,“最后将加注的说明盖住,逐页测试自己是否已经把内容牢牢记住”。

她还表示，复习时只使用一本教科书还有想象不到的效果。

> 在书中加标记之后，反复阅读同一本教科书，将内容记在脑中

“教科书上每一页的内容都可凭借视觉效果留在脑中。例如某一页是这样编排：某个事件是被记载在该页的右上方，只要把整页的内容排列当做图像记在脑海里，考试时就比较容易想起教科书里相关的内容。例如,出现某个时代的考题时,脑子里就会浮现与该时代相关的那一页教科书的图像,同时连锁性地唤起‘另外某页的某处也记载着这个

内容'的记忆。"

换句话说,锁定一本教科书,然后反复多次阅读,使各页面以图像的形态留在记忆中是很好的帮助记忆的方法。

教科书可以说是集中了所有参考书的重点,因此将整本教科书记忆在脑中,可说是应付考试最好的办法。

14 借助声音更易于记忆

根据科目的不同相应地改变做法。

（内田成美　文科三类二年纪）

前面曾介绍了内田成美单纯依靠阅读来帮助记忆的方法，不过她根据科目的不同，也会相应地调整自己的做法。现在以英语为例向大家介绍一下。

“学英语的诀窍是，不要把文章翻译成母语，而是直接理解英语，并快速地阅读。一般来说，学生们遇到很简单的英语文章，即使没有一个字一个字翻译出来，也能立即了解它的意思。同样，对于长篇的英语也可以这么做。而要做到这样，在阅读英语时，就不要与母语混杂，那样绝对没有益处。而且由于没有转换成母语，节省了时间，便能快速流畅地阅读。经过多次反复阅读之后，就能提高英语语感，从而培养出不需要翻译也能速读英语的能力。”

另外，对于古文或汉文的课文，内田成美则采取下面的方法。

“基本上都要读出声音。古文或汉文课文讲究音律，因此读起来会有独特的节奏，朗朗上口。边读边看的话，文章的结构也容易记入脑中。另外，还能加深对词汇的印象。具体的做法是，先朗读一遍，如果有不了解的内容，立即查证，之后再反复朗读。在读的过程中，如果发现还有不清楚的地方，那就代表你还未完全理解。那么就表示你必须重点留心末理解的部分，确保完全明白才行。”

不过在历史方面的学习她倒吃了一些苦头。

“我为了要记住各个国家同一时期的历史而花了不少工夫。因为教科书中对各个国家的历史是分开记述的，要同时记住某一个年代英国的状况、俄罗斯发生了什么、法国的情势如何等非常困难。而单纯依靠朗读是根本记不住的。”

因此，在读历史时，除了教科书外，她还把年表作为辅助资料。

此外，推崇“反复朗读记忆法”的内田成美，还有别的遭遇挫折的时候。

“常有单词反复朗读多次我还是记不住。这时，我就会不断地在纸上写，试图加深记忆。一个单词有时会写上五十次之多。另外有些汉字也很难记住,因此我会特别留意字的结构,例如那个字的'上半部分是什么'、'某个部分与另一个汉字相同'等等,注意汉字各部分的特征,就可以顺利记住了。"

简单的部分反复朗读，遇到难记的则在纸上不断书写，以此来帮助记忆。这就是内田的K书法。

15 将难记的内容做成图画

将难记的内容都画成图画。

（岸谷千里　文学系四年级）

有时想要记忆的东西，却偏偏总是记不住。例如，重要的短语、年代、人名或历史事件，好像与自己的脑细胞不兼容，老是记不住。这时，岸谷千里会用图画来帮助记忆。

“遇到难记的内容，我会在白纸上将其画成简单的图。画图可说是我的最终手段。例如，历史上某个皇帝下达的命令，我会画出一个穿着类似当时服装的皇帝正在下令，并写出命令的内容。如果是理科的定律，例如牛顿被苹果砸中而发现的万有引力定律，我会将此定律产生的背景用图画来表示。自己画的图画，当然会留下深刻的印象，因此考试时也比较容易想起来。”

而且，画图还可以转换心情，因此岸谷认为这是一石二鸟的方法。

至于年代或某种农产品的出口国排名等资料，可以编成押韵的“顺口溜”，然后画成图表来记忆，这样也是一种乐趣。

利用视觉效果来帮助记忆这个方法绝对不可忽视。图画等视觉信息比文字信息更容易记忆，相信很多人都有类似的感觉。

充分体会到这个道理的岸谷，还有一个方法十分有趣。

利用视觉效果帮助记忆，这个方法绝对不可忽视

“遇到困难的汉字或难记的单词，我会用自来水毛笔书写在别的纸张上。利用这种视觉效果，很快就可以把内容记住。像写书法一样，写的时候字体必须大而且有力。然后将写好的字贴在墙上，反复观看，这样自然就能印在脑子里。”

黑而粗的毛笔字确实使人印象深刻。利用这种具有冲击力的视觉效果来帮助记忆的方法，大家不妨一试。

这样K书也有效(强效记忆法)

一天死背十个单词，不如一天把三百个单词看一遍(某大三男生)

背英语单词时，我会一遍又一遍地反复阅读大量的单词。因为我认为每天仅仅死记几个单词的方法效果并不佳。

而且，随着时间的流逝，最初背起来的单词会渐渐忘记。因此，不如每天粗略地把三百个单词看一遍，而且不断反复。

假设一个月要记住三百个英语单词，与其每天死背十个，不如每天粗略地把这三百个单词看一次，如此持续三十天。

先接受模拟考试，然后逼自己学习(某大三男生)

如果定下目标，决定“在X日之前必须读完这一册书”，那么不管是否来得及准备，都请先申请参加模拟考试。相信大家都有经验，在考试之前临时抱佛脚，往往可以记住更多的内容。利用这种方法，在开始K书之前，先间隔安排多次模拟考试，训练自己在最后关头发挥力量。同样地，自己暗暗在内心发誓“在X日前如果我无法记住这个部分，就罚自己打扫浴室一个月”也会有类似的效果。人面临压力时，通常会发挥出意想不到的力量。

有错误的地方，隔天和一周后再复习
(某大二女生)

做测验题时，在错误的地方记上日期。第二天和一周后必须重新复习一遍。这样做更容易在脑子里留下深刻印象。使用参考书的时候，第一次一定要端坐在书桌前专心阅读，之后只要利用搭乘公车的时间复习即可。我认为K书要设定计划，妥善地管理时间是非常必要的。

完整笔记法

16 自创一问一答式笔记法

自创一问一答式笔记，制作和记忆都很容易。

（上田隆明　教育系一年级）

很多东大学生会将上课时记的笔记在课后重新整理一次。也就是上课时专心将老师教的内容记下来，回家后再将授课内容重新整理在另外的笔记本上。这种方法成为很多东大学生应付考试的强力武器。这里介绍的上田隆明就是十分推崇这种方法的学生之一。

“上课时专心听讲，然后将老师讲的或写在黑板上的内容记下来。课后再将上课的笔记整理归纳到专门的笔记本上，等到复习背诵的时候再拿来用。”

但上田整理笔记的方法与一般人又稍微不同。他在笔记的每一页中央都画一条直线，将页面分成左右两半，左侧为问题，右侧则为解答。换言之，就是以一问一答的方式重新整

理上课内容。

“与写文章似的记笔记相比，这种方式比较容易记住。而且自己可以反复测试，以了解是否已经完全正确地作答。”

也就是说，上田将上课的笔记整理成自创的问题与答案，并借着反复测试来帮助记忆。

“制作自创的一问一答式笔记的秘诀是，所设计的问题的答案最好尽可能容纳较多的知识点。”

设计这种问题的原因之一是为了“简单明了”，也就是借增加囊括的知识点来减少问题的数量。一个答案就能容纳丰富的知识点，相对应的问题数自然就会减少。换言之，五个知识点并非需要“五个问题和五个答案”，而是“一个问题和容纳了五个知识点的一个答案”。

以一问一答的方式重新整理上课内容

“问题数减少，有助于减轻心理压力，因为潜意识会认为‘只要理解这些问题就可以了’。其实，知识点的量是不变的，只是心理上觉得问题变少了而已。”

使答案包含丰富的知识点，还有另外一个原因，即“在设计问题的时候，不需要多花心思去区分哪些点比较重要哪些点不太重要。这样一来，就能很轻松地完成问题的设计。”

确实,重新整理笔记时,要区分哪些是重点,哪些不是重点是件相当花费脑力和时间的事。上田的做法则节省了大量工夫。

不过,由于笔记中重要与不重要的内容混杂在一起,可能会加大记忆的难度。所以,即使笔记整理得再好,也还会担心今后读起来辛苦。关于这一点,上田表示:

“有趣的是,一旦开始阅读,我们的大脑自然就会筛选重点。看到较长的答案,会产生‘不想全部都背下来’的想法。于是,我们的大脑自然就可以在答案中区分出真正重要的部分,也就是在自己的心中整理出需要记忆的重点,尽可能地避免死背之苦。”

无论是上田隆明还是其他东大学生,对他们而言,重新整理的笔记都算得上“最强的武器”,效果非常显著。上田说:“一问一答式的笔记并非常规的笔记方法,而是在精力充沛或是学习情绪高昂时才会整理。不过,在整理笔记的过程中,成绩的进步非常明显。或许,这并非笔记本身的力量,而是由于整理笔记时心情轻松因而效果特别好。反过来说,经常保持良好的心理状态,对于我们记忆背诵重点以应付考试是很重要的。”

17 使用简称和记号作笔记

使用简称和记号应付授课速度非常快的老师。

（杉山阳子　文学系四年级）

学生通常都十分害怕授课时像机关枪般滔滔不绝的老师，因为要全部记下他们讲授的内容是件相当困难的事。那么，到底有没有办法一边集中精力听老师快速地授课，一边完整地将内容记下来呢？杉山阳子的做法正好可以解决这个两难的问题。

巧妙地将老师的话简化，或者用记号代替，以便快速地记下老师的讲授内容

她的做法就是巧妙地将老师的话简化，或者用记号代替，以便快速地记下老师的授课内容。

我将一些课文上出现的内容用记号代替，或是将人名省略成前两个字母，凡是能够省略的部分，全部用记号或简称代替。另

外,遇到‘因为、所以’等因果关系的时候,也用类似数学公式的方法来代替。如此一来,就可以减少书写量。不过,下课时,必须立即补充完整被简略的部分,以免时间一长造成遗忘。”

18 小小“错题集”发挥大效果

将自己曾经做错的题目和尚未了解的内容整理到一本笔记本上。

（梶元亮辅　教育学系二年级）

有时候，有些内容总是记不下来。这其中的原因可能是由于内容太复杂、过程不清楚、容易与其他概念混淆或者人名过于冗长等。为了克服这些“弱点”，梶元亮辅特别制作了针对自己的弱项的“错题集”。

他将所有尚未理解的内容或者总是做错的题目记在 B6 大小的笔记本上，在考试之前便会拿出来复习一次。

“我不太喜欢阅读或写字，因此记笔记时尽量不写字。上课或阅读教科书时，我尽可能理解老师讲解的内容或书上的内容，然后只把不懂的部分记在笔记本上。这样一来，就无需写太多的字，而且效率也较高。”

梶元亮辅表示，他只将上课时遇到的、考试中不会做的、考试中做错的、特别重要的、老师教过但总是记不住的等内

容记在“错题集”上。

这种“错题集”的内容可以包罗万象。比如,“数学”、“英语”、“历史” 等不同科目的内容都可以出现在同一本笔记本中。

“只要碰到问题,就立即记下来。复习时各种科目也可以同时复习一遍。”

将所有尚未理解的内容或者总是做错的题目等记在 B6 笔记本上

“错题集”的秘诀是采取列表方式,尽可能简洁,只要记入尚未理解的内容。必要时还可以加上图表,或是用剪贴的方式将不明白的地方贴在笔记本内。

“我利用它做考试前最后一轮的复习,以便在考试之前浏览一遍自己的弱点。制作这种笔记可以快速方便地知道自己的弱项,也可以复习一遍自己曾经犯错的地方。我觉得这十分有帮助,而且可以避免在已经掌握的部分浪费时间。同时,这种一目了然的笔记法也容易让人加深印象。”

19 善于利用白纸的空间

不需要市售的笔记本。

(原田直之　经济系三年级)

学生们惯常使用的笔记本的常见款式通常都是固定尺寸,上面印有横线。学习过程中,也有不少人使用活页笔记本。但原田直之却喜欢使用完全空白的白纸代替普通的笔记本。他这种做法相当特别。

“重新整理课堂笔记,或是解题打草稿,我都使用 A4 打印纸。因为空白的纸张适合日后补充数据,也可以弹性地、不规则地在上面书写内容。”

原田表示,他原先也是使用普通的笔记本,但后来发觉不如使用白纸方便。

“印了线的笔记本让人不自觉地要将每一行写满。但如果将每一行都写满,以后就无法再补充资料,需要修改时也

很不方便。也有人为了预留空位而间隔一行书写，这样看起来则会显得松散，感觉很奇怪。因此我改变常规，改用完全空白的纸张。”

“没有印刷线条的白纸，可以不受空间限制地自由书写，这样就非常方便。以前记笔记时，常要提醒自己留出一定空白，以备将来补充资料或者更改，但仍然常常会忘记。改用白纸后就无需再拘泥于这些规则。因为无论如何在白纸上书写文字，仍然到处都可以找到空白，便于以后补充数据。”

20 用自己的话整理笔记

按照自己的方式整理笔记，则任何内容都能轻松记住。

（井上香织　文科二类一年级）

井上香织认为自己“并不善于‘拿来主义’，即直接把参考书上的内容完全记下来”。

“参考书或教科书所写的内容，毕竟都是别人的文章。要记住这些内容，对我而言就像背诵舞台剧的台词般，只能记住文章的句式和结构，却无法真正理解其中的含义并记在脑子里。”

她表示，以前也曾尝试直接默记参考书中的内容，却只能囫囵吞枣般装入脑中，根本没有理解。因此她决定，在笔记上整理教科书、参考书的讲解或模拟考的试题时，全部改用自己的话，写成自己的文章。要将原有的课文改写成完全不同的东西，就必须先彻底地理解文章的意义才行。由于重新改写成自己风格的文章，当然就能在记忆中留下深刻的印象了。

“整理笔记的时候，不要刻意拘泥于工整美观之类的东西，如果集中精神想制作一本完美的笔记反而会让你忽略真正重要的内容，这就有点本末倒置了。而且，如果凡事根据规则，连做写给自己看的笔记也一丝不苟要求字迹工整、页面干净的话，就会让学习变得像做功课一样没有乐趣。”

她在整理笔记的过程中，只要觉得有一点不对，就立即用笔涂掉，而且完全不介意涂成黑压压一片，而是继续从下一行开始书写。

确实，她的笔记中到处可见被涂掉的痕迹，而且字迹龙飞凤舞，有的地方甚至有气无力，有点看不清楚。但是这种“不拘小节”、“随心所欲”的做法，对于必须长时间持续 K 书的学生来说，或许才是有效的方法。

井上为了“让 K 书增加一些乐趣”，会使用各种颜色的笔来写字，使笔记本看起来色彩缤纷。

“我不像一般的学生，严格遵守‘最重要的部分用红色，容易错误的部分用蓝色’的规则。我会随心所欲使用自己喜欢的颜色。我这么做只是为了让心情愉快，并没有特别意义。”

打开她的笔记，鲜艳的色彩立即映入眼帘，使人心情不自觉地开朗起来，K 书欲望当然也随之提升。

21 在笔记本上设计问题与答案

在笔记本上设计问题与答案，考前再复习一次即可。

（田中智子　文科三类一年级）

与前文介绍的上田隆明一样，田中智子也是以一问一答的方式，将参考书的内容整理成问题和答案。

一问一答式的笔记，无论任何时间都可以拿来复习

"参考书上记载了许多多余的东西。当初我就是因为参考书中没用的东西太多，才开始整理笔记。参考书上有些内容过于详细，有些则早已被我背得滚瓜烂熟。所以，如果将这些内容重新整理，只记下重点和必读的部分，就可以大大减少阅读的负担，从而使自己轻松不少。"

基于这种想法，她会首先在笔记中整理出参考书中以粗体字印刷的重要部分，以及自己不懂的地方，然后设计成一问一答的形式。

田中智子说:“仅仅是阅读参考书的内容,有时不太清楚是否已经真的记住了。但如果用一问一答的方式则可以解决这个问题。我就曾利用这种方法自己出题自己解答,以帮助记忆。”

“如果碰到困难的问题,答案也较长的话,那么便把答案中重要的部分或者自己常错的地方用橘色笔书写,就像是设计成‘填空’的形式一样。”

之后,再反复复习这种自己制作的一问一答式笔记。

“一问一答式的笔记,无论任何时间都可以拿来复习,非常方便,即使只有五分钟,也能复习一两题。答不出来的问题则作上记号,考前只需再看一遍这个部分即可。由于十分便于使用,在相同时间内一本笔记通常可以复习十遍以上,如果使用参考书便无法看这么多次。”

22 将笔记本页面对分后再使用

对分笔记本页面是东大学生常用的记笔记方法。

（小林祥之 工学系三年级）

在笔记本的页面中央画一条直线，把笔记本分成左右两半来使用，是很多东大学生惯用的方法，据说效果非常好。为什么他们不按照一般的方法来使用笔记本呢?这样做到底有什么样的效果呢?

关于这一点，小林祥之以他个人的角度作了下面的分析：

“如果由左至右将笔记本的每一行都写满，那么在阅读时视线就必须左右移动，这样眼睛容易感到疲劳。针对这一点，如果画一条直线将页面分成左右两半，并分别在两个空间内书写，那么阅读时的视线就是由上而下移动，加上每一行的字数相应减少，阅读起来就方便多了。我认为这是此法的主要优点。”

根据小林祥之的分析，将笔记本分成左右两半来使用，

阅读起来会更方便。另外，上课做笔记时也有好处。

在笔记本的页面中央画一条直线，把笔记本分成左右两半来使用

“使用整页纸记笔记时，由于纸张空间比较宽阔，在作记录或抄黑板时，写的字会比较凌乱，加上感觉上像写作业，所以容易让人打瞌睡。至少我自己是这样。但如果分成左右两半，由于有两个空间，可以先把上课讲的内容写在左边，右侧则作为课后自己补充说明用的空间。这样一来，上课时遇到一时无法明白的内容也可以先迅速记下来，然后课后补充。也正是由于这一点，上课就必须特别专心。这种记笔记的效果相当不错。”

由于笔记本被分成左右两半，留有自己补充说明的空间，同时这种方法会迫使记笔记的人上课更专心听讲——这是小林祥之的笔记心得。

此外，左侧用来写单词或短语，右侧写说明，也是他常用的方法。以这种方式制成的笔记，可作为备考前的重要复习资料

仅仅一条直线，就可以提高学生上课的专注度。看来，这个方法真的值得一试。

整齐书写VS随意书写

对于K书用的笔记的形式，东大学生主要分成“整齐完美派”与标记多的“杂乱派”两大类。

前者认为：“笔记本来就应该包含所有的要点，否则使用参考书就好了”“完整的笔记就像是件艺术品，完成后十分有成就感”。

后者则主张：“笔记只要自己看得懂就可以了”“将笔记整理得很完整需要花费很多时间，不如用来读别的东西”“不能随意加注说明的笔记没有太大意义”。

而且，前者通常会反复阅读笔记，因为笔记在K书过程中扮演着相当重要的角色。相对而言，后者则多半在记住笔记内容后就会将它丢在一边，专心于参考书或题库。

不过，所谓“杂乱派”只是就书写的字体和方式而言，与处理笔记是否恰当无关。

即使是“杂乱派”，几个都表示：“虽然字体凌乱，但是这是最适合自己的方式，日后复习起来效果也十分理想。”

结论:做事一板一眼的人,采取前面的方式较能发挥自己的能力。对依靠爆发力,冲劲十足的人来说,即使笔记十分凌乱,阅读起来也会乐在其中。

23 用故事记笔记

将上课老师讲的内容全部用自己才看得懂的字迹记录下来。

（水野香澄　文学系三年级）

相信很多人曾为不知上课时如何做笔记最有效而苦恼不已。是只抄写黑板上的内容即可，还是应该将老师讲的话全部记下来？“根据授课老师而定”或许是大多数人的意见，因为要将喜欢聊天的老师所讲的话都记下来并无意义。但如果老师能抓住重点，而且讲的内容比课本上的更能让学生了解，那么将他所讲的内容全部记下来就是一种比较好的选择了。

不过，水野香澄的做法与大多数人不一样。无论老师讲的内容如何，她基本上都能全部记下来。

“我会将老师的话全部记在笔记上，即使是不太重要的内容或题外话也不例外。就像写小说一般，我将老师所讲的话都写成文章。或许有人认为将题外话也记下来是浪费体力与精力，但事实上，有时在聊天中也隐藏着某些知识点。所以，我通常会适度加入一些类似的内容，将老师的授课内容写成一篇有吸引力的故事。”

与此同时，水野香澄还利用整篇文章来记忆重点内容。

“对我而言，不论多长的文章，把它当做一个故事来记忆，远比单纯地记忆重点要容易得多。”

不论多长的文章，把它当作一个故事来记忆

不过，要将老师所讲的内容全部记下来似乎是件相当辛苦的事。对于这一点，水野表示：“上课时要把老师所讲的全部记下来其实并非难事。可以用只有自己才认得的潦草的字体，像速记一般不断摇动笔杆。既然不是给别人看，也就无需在意字的美丑。不过这样记下来的笔记，必须在当天晚上，最迟也要在两三天内将它整理在别的笔记本上，否则时间太久的话，这些过于潦草的字有的时候连自己也无法辨识。”

24“对话框”笔记法

“对话框”笔记法是专门应付教课速度快的老师的方法。

（山口知花　工学系三年级）

关于怎样做笔记，学生们大致上分为“潦草派”与“整齐派”两大类。前者认为：“笔记是做给自己看的，只要自己了解即可。而且由于不在意整齐与否，上课时可以更专心。”相对而言，后者则认为：“既然要做就做好，自己看了也舒服。上课笔记写整齐，就不需要再重新整理，效率会更高。”

但是一面听课一面整理内容，并且要用整齐的字迹来书写来是件相当困难的事情。关于这一点，相信“整齐派”的人也不会否认。

那么，如果一定要整齐地书写上课笔记，到底有没有诀窍呢?为了寻求答案，本书作者专程访问了属于“整齐派”的山口知花，下面就是她的看法。“如果以写文章的形式将老师所讲的记下来，由于要写的东西很多，需尽全力才能跟得上，在这种状况下更难分心注意字体的美丑。以我自己为例，我就经常使用漫画中记载人物说话内容的‘对话框’方式记笔记。例如，关于历史上某国王所做的事，我就在笔记上先写出国王的名字，然后将他的事迹作为内容写在对话框内。这样一来，就可以使用比文章简洁的叙述方式说明事件，而且也更容易整理和理解。”

使用漫画中记载人物说话内容的“对话框”方式记笔记

这就是她的方法。不过如果要跟得上老师的上课速度，她也会采取下面的方法。

“先把老师话中的关键用语记下来，并用彩色笔圈起来。之后再进行查证，加以补充。这比上课时写错或涂涂改改要好得多。”

25 笔记做完后要作整理

做完笔记后要作整理，还可活用为模拟试题。

（矢部直子 工学系三年级）

整理笔记的方法因人而异。矢部直子采取的是以下手法。

“整理上课笔记或参考书的重点时，将‘如果自己是老师的话，会把这点作为考题’的部分用红笔书写。这样：事后就可以用红色透明塑料板将它覆盖，以此测试自己是否已经完全记住。如果仅仅是靠阅读文章来记忆，并不会了解自己是否已经记住全部内容，于是心里会觉得不安。考试时最害怕的就是虽然了解却无法准确作答，所以我才制作出这种能够把重要内容隐藏起来以测试自己的笔记。”

她还表示，既然要整理笔记，就应用心将它完成。

“前提是要将笔记全部整理完成。在全部完成之前不复习，也不默记。这是为了避免在考试前仍未完成笔记的半吊子状况。一旦笔记完成后，搭公车或其他时间就可以随时随地学习了。”

另外，矢部直子将笔记整理完成之后，就不会再补充任何资料了。

“整理完成后，笔记就是一部完成品，我不希望再增加任何资料。我一向主张整理笔记时要做到‘完美’。当看到整洁的笔记，心里就能产生满足感和喜悦感。”

至于参考书里不明白或模拟考试中答错的地方，这些原本应补充进笔记里的内容，她是用下面的方法来复习和记忆的。

“笔记如果有遗漏的部分，可以另外在白纸上反复书写来帮助记忆。由于不愿在已完成的笔记上补充资料，我就会立即凭借反复书写来默记。这样一来，就会取得意想不到的效果。”

K 书秘决
大比拼

使用多色笔 VS 使用单色笔

整理笔记时，到底是使用各种颜色的笔，还是只限于黑色或红色的笔?关于笔迹颜色的选择，男生和女生的意见壁垒分明。“多种色彩”派以女生居多，“单一颜色”派则大多为男生。前者认为：“笔记五彩缤纷，阅读时就会心情愉快”“看着笔记本写满各种颜色的字，会产生成就感”。由此可见，她们主要是以改善 K 书气氛为目的。相对而言，后者则认为：“太多颜色会使人分不清楚哪里才是重点”“色彩对 K 书没有太大的意义”“颜色复杂容易让人眼花缭乱”等。总之，他们的意见则较为冷静而理性。

结论：K 书时重视气氛的人似乎适合“使用多种颜色的笔”，不论 K 书或做任何事都追求合理规范的人则适合“使用单一颜色的笔”。

26 箭头、记号、框框的使用方法

内容多且复杂时，有了图标帮忙也不怕记不住。

（原田直之 经济系三年级）

在秘诀19中，我们曾介绍过使用白纸记笔记的原田直之，本节则会介绍他整理笔记的方法。与用白纸做笔记类似，他充分运用纸张空间的笔记整理法也非常与众不同。

“在整理笔记时，如果只是单纯地抄写文章，那么以后阅读时往往很难记住。为了避免这种情况，我先是在脑子里整理好内容，然后再制作成独特的图表。以历史为例，某个事件与其他事件，或是某个人与国家的关系，我会用箭头连接成图表的形式，而且是依年代来制作。通常情况下，历史教科书是按不同的单元来编排的，比如政治、经济、文化等，即使是发生在同一年代的事件，也常放在不同的单元中解说，人为打乱了逻辑顺序。所以，我就根据年代，用箭头将各个事件连接起来，整理成图表。例如，某一政治事件与经济上的某种现

象相关，就用箭头将两者连接起来，在视觉上进行整理。”

换言之，这个方法就是依某种关系将文章结构制作成图表，即重新整理文章内容。

这个方法的好处在于：“假设在某教科书中，从 A 角度叙述某一事件，而在其他参考书中，又从 B 角度叙述这件事，那么就可以用箭头将 A 和 B 连接起来，这样就能够掌握整体的结构。作成图表后，不但更容易理解，而且还可以利用视觉效果加强记忆。”

例如，关于美国与英国的战争史，教科书中用数页的篇幅来叙述美国国内的内容，但仅以一行左右的文字说明与英国的关系。同时在其他单元中又附带叙述与美国的关系来说明英国的状况。所以，与其分别解读这两件事情，不如用箭头连接制成一个图表，这样更容易记住。

至于制图的诀窍，他表示：“以视觉上感到更直观以及便于理解为原则。例如，可以使用箭头的粗细来区分‘预测的结果’和‘实际发生的事情’，或使用框框、曲线来表示‘当时的形势’等。也可以根据自定的规则灵活运用对话框或其他记号，以便凭借视觉效果来加深印象。”

用箭头和图表的方式做笔记，有助于我们彻底理解文章结构。由此可见，此法较适合历史、地理、生物等需掌握与记忆较多事实的科目。不过，原田直之连现代文学也使用这种方法来记忆，这倒十分有趣。

“我不善于记忆长篇累牍的文章。遇到长篇大论时，我通常很难理解它的意义。针对这种情况，我会在文中的重要部分作上记号，并用箭头连接。在制作这个图表的过程中，可以利用接续词，也可以将箭头分为‘预测的结果’和‘实际发生的事情’两种。图表制成后，可以帮助理解文章的结构。另外，对那些没有纳入图表的‘多余的部分’则不必理会。这样一来，就可以制作成重点突出的图表。说到这里，建议那些与我一样不善于记忆长篇大论的人不妨一试。”

用箭头和图表的方式做笔记，有助于我们彻底理解文章结构

制作这种图表的关键是简化文章。“不论什么文章，先简化它的结构，找出要点。只要平时刻意练习，久而久之就能养成一见到长篇文章，就能立即找出其关键词的习惯。找出关键词后，就用箭头将它们连接起来。”

最初仅仅因为不善于理解长篇文章才想出这种“苦肉计”，结果却培养出对长篇文章的解读能力。这种方法听起来好像旁门左道，事实上却一举两得。

27 制作“错题集”无需太工整

制作错题集的目的是为了随时随地都能复习、默记。

（井上香织　文科二类一年级）

在秘诀 20 中，我们曾介绍过井上香织完全以自己的方式来记笔记。除此之外，她还有一本随时随地都可随身携带的错题集。

参考书中不了解的内容、上课时有疑问的地方或模拟考试时出错的部分等，都被她记在错题集中。此外，重要的单词、短语、知识点等，也会记录在这个小集子中。这样，搭公车时或在其他零碎时间都可以拿出来复习。

错题集的使用方法是这样的：只要一看到上面的单词或短语，其意义和相关知识就立即浮现在脑海里，这就算及格了。如果还有疑问，或是无法联想到相关知识，就得重新再复习。

“记在错题集中的东西，都是经过严格筛选的，仅限于容易出错或难记的内容。所以，就算是重要的短语，也很少记在错题集中。这样制作出来的错题集十分轻薄，便于携带，在任何地方都可以拿出来看。”

不过，这种略掉重要的知识点的做法总让人觉得过于大胆。关于这一点，井上香织也有自己的想法。“重要的知识点一定会反复出现在参考书或模拟考试中，到时候再记也不迟。所以，不需要利用错题集来记忆。”

原来如此，她的说法的确也有道理。

可以说，这本错题集就是她的“王牌”。这是一张用来记忆“不知为何老是出错”或“总是记不起来”的内容的最后王牌。

“只要有时间我就打开错题集来看。在家里也会把它放在书桌显眼的位置，以便随手翻阅。错题集无须写得太工整，内容也不多，可以抱着轻松的心情随时翻阅。经过不断复习，必要时再重新查证，自然就能牢牢记住其中的内容。”

这样K书也有效（完整笔记法）

用粉红、蓝色、绿色的荧光色来标注重要的部分 (某大一女生)

特别重要的地方用粉红色，稍微重要的地方用蓝色，文中需要留意的地方用绿色的荧光笔画线、其他颜色一概不用。因为如果使用太多颜色，反而很难看出哪里是重点，哪里不重要。仅以三种颜色显示不同的重要程度，绝对不会混淆。

笔记中除了上课内容外，也要记入自己的感想 (某大三女生)

上课记笔记时，除了要记住老师教授的内容外，也应记下当时自己的感想，这样才容易掌握整个内容。常有人只记载上课内容的关键词，我认为这样不好。因为如果不把整个来龙去脉写清楚，那就很难理解整体的内容。

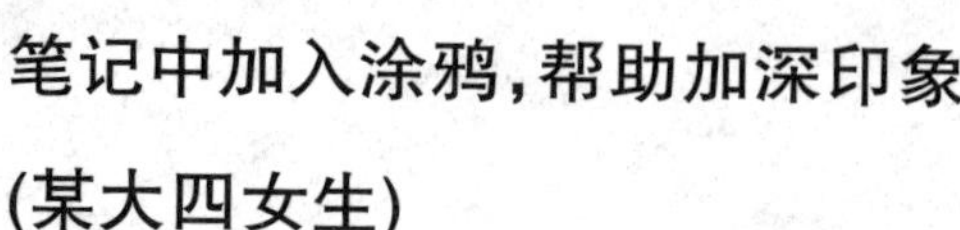

笔记中加入涂鸦，帮助加深印象
(某大四女生)

上课记笔记的时候预留一些空白。以后复习时，可以在空白处像涂鸦似的画上与内容有关的插画。这样一来，图画可以直接烙印在头脑中，较容易记住。

左右两侧留下较多空白，让视线的移动减至最低
(某大一二男生)

在笔记本中每一页的左右两侧留下较多空白，日后复习时视线就无需大幅移动，比较方便阅读。同时，这样做眼睛也不易疲劳，还会感觉内容非常快速地进入脑子。

只制作一本完整的笔记
(某大二男生)

准备大约五本参考书，从中分别筛选出重要的内容，然后认真记到一个笔记本上。一旦整理完成后，就不再添加任何内容，把它当成自己专用的“万能参考书”。

笔记中除了主干部分外,还加入一些枝叶(某大三女生)

假设老师上课所教的内容为一棵树,那么记笔记时首先要区分树干和枝叶的部分。日后复习时看到它们就会想起当时老师所讲的话,并刻在脑海中。

快速阅读法

28 彻底读透一本参考书

彻底读透一本参考书比粗略读完十本参考书还有效。

（今野安代　工学系三年级）

“我通常会选择厚度适中、内容齐备的参考书。”今野安代这样说。令人惊讶的是，她整个学年每一科都只使用一本参考书。

“以前，我也会购买许多入门级参考书，目的是为了理解基础知识。但买来之后并没有时间仔细读。后来，我改为专攻一本内容最完整的参考书。如有不足之处，到时再补充即可。实际上，吃透一本参考书再加上复习模拟试题，对于备考而言，已相当足够。”

也就是说，将一本参考书的内容彻底读透，然后完全记在脑子里。这比粗略匆忙、不求甚解地读上十本参考书要好得多。

29 使用专家编写的参考书

与其自己制作笔记,不如使用专家编写的参考书。

(山野麻美　教育学系三年级)

“不善于制作或整理笔记”的山野麻美,属于反笔记派。她认为:“整理笔记是在浪费时间。”

“将笔记整理得漂漂亮亮，或是使用多种颜色的笔来修饰,不是很浪费时间吗?如果花了许多时间和精力,做出来的笔记与参考书的内容大同小异,那不如直接用教科书或参考书更有效率。”

山野麻美这种说法有一定的道理。不过,自己制作笔记的最大优点是,除了参考书的内容之外,还可以加入来自学校、补习班、同学等多方面的知识。这是否意味着笔记胜于参考书呢?

面对质疑,她的回答是:“将新获得的知识直接写进参考书或教科书就可以了。我的参考书里就写了许多新的资料。”

主张参考书胜于笔记的山野麻美,使用的参考书确实很多。

“首先,准备一本专门携带在身边的参考书,把它撕开。另外还准备两三本经常使用的参考书。同时使用多本参考书,会产生一种‘应该掌握的知识都已经了然于心’的感觉。

“有一点需要注意,即使是新买的参考书,如果感觉不适合自己就应立即丢弃,改用别的参考书。这样或许有些浪费,但如果使用不适合的参考书,更是浪费时间。”

这种做法会让金钱上的支出增多,不过倒也有其道理。

30 跳过不懂的地方大胆读下去

遇到不懂的地方不要立即查证，应继续读下去。

（冈雅之　工学系四年级）

阅读内容艰深的书的确是件苦差事。艰深的句式结构、超越自己理解能力的内容，这些都让人望而生畏，刚翻开书就想要放弃。对于这样的书，要如何才能说服自己继续读下去呢？

如果你也有相同的困扰，那不妨试试冈雅之的做法。对好些内容艰深却又不得不读的书，阅读过程中只要碰到不懂的地方，他都会暂时跳过，继续阅读后面的内容。

“以前碰到不懂的地方，我会反复思考，认为‘这里没有理解就无法往下读’，结果只好在同一个地方打转，钻牛角尖。有一次我改变想法，尝试先往下读，如果还是无法了解，再回到原来不懂的地方。结果发现，虽然跳过了不明白的地方，但继续读下去并联系上下文后就会恍然大悟。这让我相

信这种做法是正确的。”

也就是说，先略过不了解的部分，继续读下去，如果实在无法理解，再重新思考。

“秘诀是即使看不明白，也不要勉强自己非搞懂不可，大胆地往下读。这样的话，有时会读着读着就突然恍然大悟‘原来是这个意思’。尽管有时候带着不懂的地方继续往下读心里确实会感到不安，但最后总会发现这种不安是多余的。”

先略过不了解的部分，继续读下去

冈雅之的方法十分明确，就是将已经完全了解的部分与不了解的地方暂时分割，大胆地带着问题读下去。如果在继续阅读的过程中，不理解的内容越积越多，再一起集中查证。

“当你带着问题继续往下读，联系上下文却依然没办法理解的时候，就是集中查证不懂的地方的好时机。也就是说，如果感觉到文字只是从眼前溜过，却无法明白其中的意义，那么我就会停下来重新思考。”

大胆地继续读下去，最后才把不明白的地方一并处理。这就是冈雅之独特的学习方法。

31 容易忽略的“参考书使用法”

在开始阅读参考书之前，应先理解它的编排方式。

（中村晃一　文科一类一年级）

相信很多人面对厚厚的参考书都会叹气：“这么厚一本书怎样才能背下来呢?”刚开始时或许还充满斗志，但是看到数量庞大的知识点，再想到抵达终点前的漫长道路，很快就会感到心灰意冷。也许每个人都有类似的经验，但千万别这样放弃。实际上，根本没必要将参考书的内容全部塞入脑中。下面我们就来看看中村晃一的例子。

“不需要将参考书上的内容全部背下来，只要记住重点部分就可以了。书中重要的地方通常会印成粗体字或红字，有些地方则印了‘※’记号并加有标注，很容易了解哪里是重点。所以，即使只记住这些部分，也可以取得不错的考试成绩。”

他还表示，在开始阅读参考书之前应先掌握这本书的编排原则。"每一本参考书都有各自的编排原则,例如有的参考书将最重要的事项印成红字,用黑色粗体字突出人名,用线条强调注意事项等。事先了解这些,就可以决定记忆的优先次序,首先死记红色文字部分,其次记住黑色粗体字,如果有余力则阅读注意事项栏。"

有些参考书上印有"本书使用方法",应先详细了解。

中村说:"书店里销售的比较优秀的参考书,大多有这种贴心的设计。为了达到最佳效果,使用时最好依照书的编排原则来学习。"

再向大家传授中村"参考书使用法"的另一招,就是活用目录来掌握书的整体内容和各单元的重点。

在开始阅读参考书之前
应先掌握这本书的编排原则

"参考书的每个单元都附有标题,以简短的文字说明该单元的重点。也就是说,收纳了每一章标题的目录,同时也归纳了各单元的重点。只要浏览书的目录,就能掌握书的大致内容,也可以初步了解哪些部分比较重要。"

利用目录来掌握书的整体内容是相当有效的做法,值得准备阅读新参考书的同学一试。

32 确定重点后再作记号

通常参考书或笔记里重点只占全书三分之一。

（樫山肇　文科一类一年级）

如果走进规模稍大一点的文具店，就可以看到种类繁多的颜色各异的笔。红、蓝、黄、绿是最基本的，还有不同的彩色笔和荧光笔，摆满了架子。爱用彩笔的人固然不少，但也有人例外。本单元介绍的樫山肇就是其中之一。

"我觉得用不同颜色的笔写字，或在参考书上涂满各种荧光色，不但麻烦，对以后的复习也没有太大的帮助。实际上，只要黑色和红色的笔就已经足够了。"

他还认为："与其使用多种颜色的笔，不如只用红笔在重要处画线，这样看起来更加一目了然，更容易知道重点在哪里。用太多颜色，反而很难区分哪里比较重要。其实，不论笔记或参考书，真正重要的部分大约只占全部内容的三分之一而已，太多颜色反而会造成混乱。"

的确，笔记中如果使用过多不同颜色的文字或线条、星号、框框等,反而看不出重点在哪里,这时笔记也会变得毫无意义。

那么,到底应该在哪些地方画线呢?他是这样做的:

“每当为是否要画上红线而犹豫不决时,我会选择不画。只有真正重要的地方我才会画上红线,其余一概不画。这就可以避免那种只为让自己安心而画红线的情况发生。实际上,经过思考之后选择不画线,有时候反而容易记住,这一点真的很奇妙。”

如果看不出哪里是重点,只会造成混乱

那么,他选出的“重点”通常是什么样的内容呢?

“以参考书为例，文章中出现频率较高的短语通常比较重要。第一遍我通常只是单纯地阅读,第二遍才会在重点处画上红线。另外,参考书中以粗体字印刷,或上课时老师特别强调的内容,也是画红线的对象。”根据他过去的经验,用这种方法找出的重点很少出错。

找出真正的要点,可以减少需要记忆的量,这也是 K 书的诀窍之一。

33 选择用心编写的漫画教材

使用漫画教材，即使反复阅读也不觉枯燥。

（渡边惠理　文学系四年级）

继历史科目之后，越来越多科目都推出了漫画版。从外国语文，到古文、法律，甚至各种资格考试教材都可以制作成漫画。

但这些漫画教材真的有用吗？

对于这样的疑问，可以用渡边惠理的K书法来回答。

“学习历史时，我首先从供小孩阅读的历史漫画开始。漫画中有人物的表情，这有助于理解。而且，通过漫画中人物的服装、小道具等，也能看出当时的文化，从而对历史产生兴趣。”

渡边惠理还表示，漫画比参考书有趣，即使反复阅读也不会厌烦。

“可反复阅读是漫画最大的优点。如果是教科书或参考书,不太可能在短暂的时间内翻阅。但漫画趣味性高，即使在临睡前也会翻一翻。有时甚至让人欲罢不能,彻夜阅读,这是漫画才有的力量。当然，完全依靠漫画来学习是不可能的。我认为在真正开始学习之前,先通过漫画来掌握大概的内容,确实是个不错的方法。”

漫画的优点是比参考书有趣，即使反复阅读也不会厌烦

不过,渡边所说的“漫画教材”是指专门以漫画形式编写的教材。那种用解说文字和插画来填补版面的书籍,并不在此列。

附带说明一点,如果想获得渡边那样的 K 书效果,必须认真考证教材的内容,连细微部分也不要放过。

34 背诵记忆的时候不要贪心

记忆追求的是深度而不是宽度。

（添野航平 文科一类一年级）

假设现在有一个小时的学习时间，请问各位读者，会如何利用这段时间？如果要读的东西很多，相信很多人都希望尽可能多读一些。

但是添野航平并不赞成这种做法。

“我不赞成过于心急地拼命往下读。如果只有有限的时间，反复阅读部分内容，效果绝对优于浏览全部内容。”

另外，他还有一个诀窍。

“以阅读参考书为例，第一遍先把它当做故事书来轻松阅读，不要妄想一下子就全部记住。随着阅读次数的增加，以及理解的逐渐深入，就能记住全部内容。”

K书秘决
大比拼

精读一本VS泛读多本

学习时，是应该从头到尾都精读一本参考书，直到翻到纸张破烂？还是应该根据不同的需要，泛读多本参考书以备不时之需？

主张“读透一本参考书”的人，几乎都认为：“与其泛读多本，不如精读一本。”更有人认为：“读透一本参考书的内容，效果绝对比看过多本参考书好。”

主张“根据需要泛读不同参考书”的人则认为：“有时候需要记忆的内容不同，例如年号、单词等，所以根据需要泛读不同参考书效果更佳”“必须购买多本参考书才能了解到底哪一本最适合自己”“如果只用一本，可能有遗漏的内容，总是不放心”。

结论：精读或泛读，要根据个人习惯来定。但如果时间有限，似乎还是精读为好。

35 先从较简单的资料读起

阅读之前，先做资料收集是挑战高难度书籍的好方法。

（高濑明美　工学系一年级）

为兴趣而阅读是让人十分愉快的事情。但是为了学业或工作而不得不阅读艰深的书籍，就成为一件痛苦的事了。书里到处是难懂的用语，不得不读，却又读不下去。这时该怎么办呢？

“读建筑方面的艰深书籍时，我会先找寻较为简单的相关杂志或是图片较多的书籍来阅读，以提高兴趣。”

这是高濑明美采取的方法。

“先从比较简单的数据着手，培养兴趣，再渐渐挑战高难度的教材，是个不错的方法。”

阅读时如果碰到难以理解的地方，要如何处理才正确？是继续将整本书读完，还是应立即停下来求证不懂的地方？

如果是前者，不懂的内容会不断累积，让人产生焦虑感，即使读完整本书可能仍一知半解；相对而言，后者则可以专心应付不懂的内容，但阅读的过程会被迫中断。两种方法可以说各有优劣。

这里就来介绍高濑明美所使用的折中法。

“阅读艰深的书，碰到不明白的地方先暂时保留，并继续往下读。当不懂的内容累积至一定程度，感觉很难再读下去时，就在这个地方暂停。然后把前面累积下来的问题拿去请教老师，学长或是找数据查证。”

她的做法可说是两全其美。

36 果断丢掉不合适的参考书

根据不同需要多准备几本参考书。

（诸星纯司 工学系三年级）

在参考书使用数目上，通常分为只使用一本参考书以及根据需要选择不同参考书两大类，这里介绍的诸星纯司毫无疑问属于后者。

“我是常买参考书的人。因为要配合不同目的来使用，所以越买越多。当看到画有插图内容，简单易懂，或是适合自己的参考书，即使手边已有其他参考书，我也会当机立断地买下来。”

实际上，诸星纯司的参考书的确有着不同的用途。

“一类是说明概要的参考书，用来了解最基础的知识；另一类是较详细说明教科书内容的参考书，也就是所谓的‘万能参考书’，这是用来学习某一科目的主要工具，还有一类是用来整理归纳所有内容的参考书，作为最后总复习之用；另外还有一种自我测验用的题库。”

每一科都有四五本参考书，而且一旦发现更好的，就会舍弃原来使用的参考书，诸星纯司的做法令人相当惊讶。

一旦发现更好的，就舍弃原来使用的参考书

“真的有些浪费。不过我没上补习班，相比之下，把别人花在补习班上的钱用来买参考书，我想还算是比较划算的。而且，参考书可供查阅教科书或上课不懂的内容，也可以加强自己的薄弱部分。提醒大家好一点，使用这个方法时应选择难度超出自己实力一级的参考书，而且发现有更容易理解的参考书时，就要果断地更换。”

37 坐着读不如躺着读

如果只是学习不妨躺在床上读。

（栗原大辅　文学系四年级）

“如果单纯阅读的话，我采取的方式是躺着阅读，而不是坐在书桌前。”栗原大辅这样说。

他表示，如果坐在书桌前学习手却不动的话，他的心情会变得浮躁。

“坐在书桌前仅仅只是阅读，会觉得学习像是在休息一样，心情总是无法踏实。相反，躺在床上阅读则觉得休息像是学习，有一种‘占便宜’的感觉。不过这纯粹是为了调节学习气氛而已。”

这是他个人的意见。他认为坐在书桌前只进行阅读是一种浪费，不如躺在床上一面休息一面学习。他这种做法也有一定的道理。

这样K书也有效(快速阅读法)

要选择那些比自己现有实力高一级的参考书(某大三男生)

参考书是为了所有人而制作的,未必真的适合自己。因此,必须比较数十本参考书之后再购买,而且应选择比自己的实力高一级的参考书。如果不使用高于自身实力的参考书,则绝对无法达成目标。

长时间一点一点阅读,不如短时间一口气读完(某大一男生)

阅读书籍特别是理科类书籍时,我都是在有限的时间内一口气读完。理科的内容相互联系非常紧密,如果长时间一点一点阅读,则很难掌握整体内容,不如先一口气读完所有资料,掌握整个概要,然后研究较困难的部分。实际上,尽可能在短时间内读完所有内容再反复复习,可大大提高学习效率。

先熟读目录与前言

(某大二女生)

阅读时最好先从目录和前言开始，而不要直接阅读正文。特别是书的前言或序，大多简洁说明了最有效率的使用方法，应该优先阅读。目录则有助于掌握整本书的内容，也不可忽略。看完目录与前言后，就可以从比较有趣的地方着手，培养对这本书的兴趣。这样一来，就能顺利阅读下去。

参考书的封面也要注意

(某大一男生)

不论教科书或参考书，我都到处写满标注或贴了贴纸，同一本书会一直用到破损。这可以让自己产生“下了不少工夫”的充实感。同时，我会在参考书的封面、封底和空白处写上必须记住的内容，提醒自己加强记忆。

提高效率法

38 一秒钟也能记住一个单词

短时间高频率地学习，注意力比较容易集中。

（长江政孝　文科三类一年级）

每天，人们有许多“短暂的空闲时间”，比如等待或乘车的时间、与人约会提早到达的空当、在餐厅等待上菜的时间等。长江政孝认为应有效活用这些时间。

“在这些零碎的时间中，即使只能记住一个英语单词，也是额外的收获。”他的座右铭是：“只要有一秒钟就可以记住一个单词。”

长江政孝为了利用这些经常出现的零碎时间，随身都带着可以随时翻阅的K书工具。

“我将历史教科书撕开，每次仅携带数页。这样随时随地可以拿出来翻阅。另外，在重点处做记号的红笔也是必备之物。这两样物品一直都放在包包里。”

他表示，在这些零碎时间中阅读的内容，当天就寝

前一定要再复习一次，这样可以让读过的内容深刻地记在脑子里。

“我本来就不喜欢长时间坐在书桌前学习，倒是很喜欢利用零碎的时间做这件事。因为零碎的时间比较短暂，稍纵即逝，注意力反而容易集中。”即使在家里学习，长江政孝也会尽可能地将时间分割成较短的时段来利用。

尽可能将时间分割成较短的时段来利用

“我每读一小时就会休息十分钟，并在休息时间转换一下脑子放松心情。因为注意力能够完全集中的时间有限，所以我就缩短学习和休息的周期，加速周转率，以争取较多的学习时间。”

总而言之，将时间切割成几个部分，一点一点累积知识，是长江政孝的做法。

39 以小时为单位制订每日计划

以小时为单位制订计划是有效提高学习效率的手法。

（水岚鲇美 农学系四年级）

一天有二十四个小时,所有的人都是平等的。虽然每个人拥有的时间相同，但实际上有人能充分利用这些时间,有的人却不能。本节介绍的水岚鲇美即属于前者。

她以一个小时为单位,制作每天的学习计划表,然后按照预定的时间与数量来学习。

“学习计划表用笔记本制作,每天起床到睡觉,每一小时使用两行的空间。然后在用餐、休息、点心、洗澡、阅读课外书等时段上画上斜线,即学习以外的时间都以斜线来显示。空白的格子则填入计划要学习的内容,这样就可以制订出很完整的计划。”

例如,假设早餐的斜线部分与中餐的斜线部分之间有四个小时,就可以用这整段时间专心学习英语。下午时间则可

以分成几个小格，分配给不同的科目。

“以格子为单位来计划与开展一天的行动，会给人一种有规则和有节奏的感觉。睡觉前再用红笔修正这个计划，即由上至下，在计划表上用红笔记录下学习情况实际上是如何进行的。这样，未按照计划实施的部分就会一目了然。最后，再对这张表进行分析。”

水岚鲇美会仔细分析拟订的计划与实际的行动有无差异，以此作为修正计划的参考。

她认为，分析未能按计划执行的原因，就可以发现自己的问题所在。例如，“每次休息的时间似乎都不一样”或“英语的学习时间好像不太够”等，需要改进的地方立刻清楚浮现。这样就可以及时调整第二天的计划，例如尽量保持休息时间一致，或增加英语的学习时间等。

水岚鲇美说：“制作这种计划表还有一个好处，就是可减少时间的浪费。例如，当打算比预定时间多休息一下时，脑子里就会浮现计划表，并自动调整作息时间，将其后的工作都往后顺延。这样就不会发生浪费时间的情形。”

40 不要长时间学习

长时间学习未必有效

（南野麻衣　文科三类二年级）

“昨天我连续读了六个小时的书。”如果听到有人这样说，相信大部分人都会赞叹：“真用功！”“真了不起！”

但是南野麻衣的反应却不一样。“长时间学习，效率并不会很高，我不会这样做。”她是属于在短时间内集中精力学习的人。

“通常我都以六十分钟为单位。长时间持续学习容易疲倦，而且学习欲望会降低。我认为每隔一段时间适当休息一下，然后在短时间内集中精力来学习效果会好得多。”

这就是南野麻衣的做法。这样，上学放学搭乘公车或下课休息时间都可用来学习。

“在公车上我主要学习教科书。以前我就常在车上看书，已经养成习惯，现在只是把课外书换成教科书而已。在学校

休息时也一样，即使时间有限我也能充分利用。”

不喜欢长时间学习的南野麻衣，有时在精力充沛的状况下也会继续学下去。

“每当学习的内容老记不起来，或是产生‘想吃零食’等杂念时，就会暂时放下书本。通常我计划的学习时间是以六十分钟为单位的，但也有学到兴致盎然而忘了时间的时候。这时我并不会拘泥于‘不长时间学习’的原则，而是在精力能够集中的状况下继续学下去。总之，不受自己想法的束缚，配合情绪来学习是最理想的。”

每隔一段时间适当休息，在短时间内集中精力来学习效果会好得多

41 边看电视边解数学难题

边看电视边做题是顺利解开数学难题的好方法。

(尾上太郎 理科一类一年级)

相信很多人都有这样的经验:为解不开某个数学难题而头痛不已。其实,不仅是解数学题,解决其他问题也是一样,如果过度专注,反而会由于头脑疲倦而失败。

如果有人也有上述困扰,不妨试试尾上太郎的方法。令人惊讶的是,他居然一边看电视一边解数学难题。

"碰到非常难的题目时,如果深陷其中,往往很难摆脱单一的思维方式。其实,在死胡同里打转纯粹是浪费时间。但如果一面看电视,一边以轻松的心情面对难题,反而容易获得答案。只有将注意力适度转移至电视,才不至于钻牛角尖,从而有助于解开问题。"

尾上表示,用下述心情来面对会更具效果。

"这个方法的关键之处在于,要抱着一种一面休息一面

看电视,同时尝试解开问题的态度。这原本就是在休息时间中进行的，如果注意力全部放在电视上也无所谓。当然最好的做法是,在看电视时不妨偶尔也看看题目,试着解解看。”

一面休息一面看电视，同时尝试解开问题

另外，他也提出需要注意的地方:“这种做法不适于长时间使用，以不超过三十分钟为宜。如果长时间使用,就有可能得不到结果而浪费时间。因此,必须在适当时机果断地停止。”

42 在最有效率的时间段学习

上午七点至中午是胜负关键!

(川美穗　文学系三年级)

说到如何学习更有效,大多数人都认为“上午学习最有效率”。

“假设一天计划学习八个小时,如果早一点起床,从七点学到中午,由于已学了五个小时,下午的心情便完全不同。因为上午已完成了当天大半的进度,中午过后,就会想:‘今天只要再学三个小时就可以了’,精神负担也会一下子减轻许多。”

有人认为下午才是一天的重心。但如果在重头戏开始以前,已完成了一半以上的进度,确实不是件坏事。这样一来,下午就能以比较轻松的心情面对书本。

K 书秘决
大比拼

坐在书桌前学习VS随时随地学习

关于这一点，大多数东大学生的意见都是“只要有时间，任何地方都可以学习”。

虽然有不少人认为，要好好学习还是得坐在书桌前，不过大多数东大学生都表示：“即使是短暂的时间，不用来学习也太可惜了”“在公车里进行默记是最好不过的方法”“只要有铅笔和单词本，任何地方都可以记忆”。

这些意见中，最有趣的是，“书桌应只用来做诸如解题等只能在书桌上进行的事情”。几乎所有的东大学生都表示：“在任何地方都可以默记，未必要坐在书桌前。”

结论：“在任何地方都可以学习”是所有东大K书高手的共同想法，请务必铭记在心。

43 出现睡意时最适合用来默记

独树一帜的时间管理术!

(对比地大辅 理学研究所硕士二年级)

“我擅长按照既定的计划去实行”,对比地大辅以淡淡的口吻表示。对那些拟订计划后却无法顺利完成的人而言,他能够做到这一点确实令人羡慕。

“一旦形成了固定的学习节奏，之后就会按照既定的步伐去实行。只要养成习惯,每天在一定的时间段学习,那么学习就会变得出乎意料的轻松。”

对比地大辅每天都会制订学习计划,几乎在同一时间段读同一科目,脚踏实地地K书。

“每天在相同的时间段读固定的科目，脑子的节奏就会逐渐形成一定的周期,运作起来也会较为容易。而且,对于每一个科目,每天都读一点的话,第二天继续时就更容易衔接。因为无论什么科目,如果出现学习空白期,下一次再学习时

就很难立即进入状态。”

属于脚踏实地K书型的对比地大辅，难道就完全没有未依计划实行的经历，或者碍于现实无法实行的情况吗？

要尽早摆脱低潮，事先养成固定的学习习惯是最好的方法

“事实上我几乎没有遇到这样的情况。碰到类似状况时，要保持轻松心情，而不要抱着‘非克服不可’的想法。这时最好做自己想做的事，在这个过程中慢慢找回学习的感觉。这样每天反复实施，体内就会形成固定的节奏，不久之后就可以重新走上轨道。”

也就是说，要尽早摆脱低潮，事先养成固定的学习习惯是最好的方法。

依照计划一步一步K书的对比地大辅，在拟订学习计划上都有些什么秘诀呢？

“一天之中，不同的科目分别有各自适合的学习时间。我的诀窍就是根据这个特点来制订计划。我习惯早起，每天十二点睡觉，六点就起床。中午之前，我通常学习那些需要灵活思考的科目；下午以后则主要用来整理笔记或记忆。”

对比地大辅认为，大脑的机能在上午最为活跃，这段时

间可以专心解数学题或化学式，主要学习这些需要思考力的科目。到了比较疲倦的黄昏时，则用来整理笔记或默记。

最有趣的一点是，他竟然在出现睡意之后才开始默记英语单词。为什么他会认为睡意来临时适合用来记忆呢?

“对于英语单词，我通常在纸上反复书写以帮助记忆，而这种动作不需要思考力，即使大脑较疲倦也可以进行。所以，我选择有睡意的时候来记忆英语单词。相反，在大脑功能最佳的时段内学习需要思考的科目则效率较佳。”

这是对比地大辅的说法。但是，想睡觉时真的能记住单词吗?而且，单纯而枯燥的书写动作说不定更容易让人入睡。

对于这个疑问，他解释说：“单纯在纸上书写英语单词，确实能记得住。反复用手书写，虽然无趣，还是能够在脑海里留下印象。最坏的状况是睡着了，但即使这样，也不妨抱着‘睡着前哪怕只记住一个单词也算幸运’的态度。事实上，在有睡意的情况下反复书写，有时反而会赶跑睡意。”

44 根据目标安排学习计划

一定要达到学习目标。

（森内大介 工学系三年级）

“每天不知道该读什么，反正先坐在书桌前再说。”这样想的人似乎比想象中的还要多。即使有人已决定“今天一定要读完五页某某科目”，但问他为什么是“今天”而不是明天？为什么是“某某科目”而不是其他科目？为什么要读“五页”？他却答不出来。

对于这些带点调侃意味的问题，只有森内大介才能说出明确的理由。他是先纵观全局，然后由后往前逆向思考，最后才决定某一天的学习内容。

“先确定一整年应学习的范围，然后倒推出某一天要学习的内容，否则容易漫无目标。如果事先分配好每天的学习内容，就会产生‘今天必须完成此分量’的想法，叫避免浪费时间。”

下面是森内大介拟订学习计划的具体方法。

“以准备大学入学考试为例。首先，将一年时间大致分成三段。一至四月着重攻克自己感觉棘手的领域和了解基础内容，五至八月针对应用问题做准备，九至十二月则研读大学入学考试（日本的大学入学考试在每年年初。——译者注）的考试题。其次，为了达到这个目标，精细计算出参考书的数目，然后确定从哪一本教材开始，并算出每天需要学习内容的分量。每个科目都按照这个方法来拟订计划。”

“关键是计划内容不要太紧凑，以绝对能够完成为原则。如果顺利进行并有多余时间，再额外补充其他内容。在拟订计划时，一般人往往由于野心过大而设定较高的目标，其实完全没有必要。因为一旦目标无法达到，计划也就失去了意义。所以，刚开始时，不妨拟定比较宽松的计划，这样就可避免失败。”

计划内容不要太紧凑，以绝对能够完成为原则

45 学习时要设定缓冲时间

设定缓冲时间可获得高于目标的战果。

（山崎诚　工学部三年级）

属于“计划K书型”的山崎诚，学习计划很少失败。下面就是他的秘诀。

“不要将整天的时间都排入计划之中，而是设定部分缓冲时间。通常，每学习两个小时就可以设定一个小时的缓冲时间。如果两个小时无法完成计划中的内容，就利用之后的缓冲时间继续进行。由于有了缓冲时间，学习起来就可以不慌不忙，真正达到目标。”

有了缓冲时间，可以获得超出计划的成果

山崎诚认为缓冲时间的存在是一项重要武器。

“如果能够在两个小时内完成计划，那么就可以利用缓冲时间来休息娱乐。学习时，我尽可能不超出预定的时间，同时带着一种‘能够完成就很幸运’的轻松心情，因此感觉每天有很多空闲的时间。如果要使用缓冲时间来学习当然也未尝不可。”

实际上，山崎诚基本上可以在两小时的预定时间内完成计划中的内容，缓冲时间则可供自己自由利用。

多出的缓冲时间，他会去书店找寻参考书，或翻阅教科书，即使在休息中也从事与 K 书相关的事。

“有了缓冲时间，可以获得超出计划的成果，在心情上也轻松许多，是值得推荐的方法。”

46 当场理解课堂知识

上课时的状态是胜负关键。

（浅田直树　文科一类一年级）

要理解新的知识,不是件容易的事。关于这一点,浅田直树主张在课堂上当场消化新知识。

“要理解以前不知道的知识，如果能在学校的课堂上当场完成,学习起来就会轻松许多。如果老师讲解时不能立即理解,日后必然会花费更多时间。反之,如果能在课堂上当场理解新知识,那么其他时间就可以学习别的内容。”

这是浅田直树的主张。他的做法如下:

“上课时抱着‘一举定胜负’的决心,全神贯注,务必当场就融会贯通。如果不懂,要不惜打断老师上课,一直问到真正理解为止。”

也正因如此,浅田直树在学校里被称为“上课中断者”。

“当场理解老师教授的内容,是我的座右铭。或许这样做

会给其他人造成一些困扰，但为了不浪费时间,上课时专心理解授课内容,该牢记就牢记,该休息就休息,坚守原则是很重要的。上课时如果打瞌睡或做其他事情，事后却需要花费更多的时间来弥补,这样做其实很不划算。”

如果能在课堂上立即理解,其他时间就可以学习别的内容

浅田直树还特别指出，上课时为了当场理解授课内容,事前的预习绝不可少。而且,就算课堂上还有一些疑惑,最迟也要在下课的休息时间将它搞懂。

47 用危机感克服赖床习惯

白天小睡三十分钟可帮助轻松学习。

（矢岛亮 文科二类一年级）

不敌阵阵来袭的睡意，逐渐沉沉入睡，这原本是很愉快的事。但是要从舒适的床上起来却相当困难，特别是为了学习而不得不打断小睡，确实格外痛苦。因此，这种小睡可说是“双面刃”。不过，矢岛亮却很善于利用它。长期以来，他每天白天都会小睡大约三十分钟，这让他能够精力充沛地投入学习。

“在昏昏欲睡的状态下学习，通常毫无效果，因此我干脆小睡片刻。白天小睡三十分钟，晚上就可以 K 书到深夜两点。当然，要从小睡中醒来或从床上起来，是件相当痛苦的事。因此，我会计算时间，选择在即使不愿意也非起床不可的时段小睡。”

例如，矢岛亮都是在非醒来不可的吃晚饭前或洗澡前的三十分钟小睡。“选择这个时间，是因为即使自己不愿意，父母也会不断地把你叫醒。另外，为了避免太舒服而睡过头，我通常是趴在桌子上睡，而不是躺在床上。”

小睡醒来之后，再做做轻松的运动。

“小睡起来之后，做五分钟伏地挺身，或是在附近散步十分钟。这样可以赶走睡意，恢复清醒。”

有时候即使饥饿难耐、父母叫喊或因姿势不正身体难受，还是很难张开眼睛。在长期的K书生活中，这是很难避免的。碰到这种状况，矢岛亮是如何应付的呢？

将危机转化为动力，刺激自己的学习欲望

“确实经常发生久久醒不过来的情形。这时只有依靠自己的毅力，例如强化自己的危机感，即使睡意强烈，仍警告自己‘再睡下去绝对不行！’当然也有敌不过睡意而一觉到天亮的经历。这时必须将失败转化为动力，提醒自己：‘昨天一睡不起，今天绝不能重蹈覆辙’。”

也就是说，矢岛亮巧妙地将危机感化为动力，来刺激自己的学习欲望。

“把危机感升华为动力”的做法，不只适用于解决小睡的问题，对于整个学业都有帮助。实际上，矢岛亮在准备东大入学考试的重要关头,就是抱着以下的决心来学习的:"心里想着'今天不学习后果不堪设想'、'如果现在松懈以后一切都完了',自然就能将注意力放在书本上。我是属于靠危机感来发挥潜力的人。"

48 时间不够时只记结论

没有必要记住教材的所有内容。

（宫本智宏　文科一类一年级）

“因为过去热衷于社团活动，我开始准备大学入学考试时，已落于人后。”也正因为这一点，宫本智宏特别重视学习的效率。

“我没有充裕的时间记住教科书的所有内容，因此只标出结论的部分去记忆，因为一般文章的重点大多集中在结论的部分。如果有多余时间，再注意一下与结论有关的周边知识。上课时也是一样，笔记只记下老师授课的重点部分。”

宫本智宏以“重视效率”与“节省时间”作为K书的原则。或许有人会认为这种做法是“偷工减料”，但是从他考上东大的结果来看，这未尝不是一种可行的K书法。

49 根据需要设定学习时间

不要被每一堂九十分钟的上课时间所拘束。

(室贺拓也　文科一类一年级)

配合目的巧妙分配时间才是最有效的

不论哪种科目，上课时间几乎都是固定的,通常每节课六十至九十分钟。相信很多人在家里学习也不自觉地按照上课时间,以六十至九十分钟为单位。与此不同的是，室贺拓也却采取了依目的而改变学习时间的方法。

“例如,理解新知识时,大约以四十分钟为一时段。默记则以二十至三十分钟为单位。如果是演算问题,采取一般考试时间的九十分钟。学习时间应配合目的来改变,没有必要都固定为六十或九十分钟。”

总之,要有效率,配合目的巧妙分配时间才是最重要的。

这样K书也有效(提高效率法)

不论假日或平日都以相同的生活节奏来学习(某大三女生)

固定每天的生活节奏,并严格遵守。星期日或其他假日都与平日的节奏相同。比如,平时在学校或补习班是在什么时间上课,在家里也在同样的时间段学习。搭公车的时候,也要背背英语单词或阅读其他参考书。当身体习惯这些节奏之后,学习就不至于成为太重的负担,甚至在任何空档时间都可以用来K书。

每天早上多学习十分钟可增加信心(某大四女生)

每天上午早起十分钟,阅读自己不擅长的科目。要每天不间断,而且不要读太难的内容。带着轻松的心情,即使短短十分钟,日积月累下来,也可累积至相当可观的数量。如果能完成一册棘手科目的题库,则

更可带来莫大的信心。

以十分钟为单位设定学习计划，自然不敢偷懒 (某大四男生)

考试之前，以十分钟为单位拟订学习计划。将必须读的全部内容平均分配，设定每一单位的目标，这样就无法偷懒了。“必须在十分钟内完成预定的目标，需要多快的速度?如果中途偷懒，就没有时间弥补了。”明确了解这些事情后，自然能专心学习。而且，通过了解剩余多少时间，就可以知道哪些部分可以妥协，哪些部分可以略过。所以，这是提高学习效率的有效方法之一。

每读一小时奖励自己十五分钟，以维持K书欲望 (某人二女生)

每学习一小时，可以听十五分钟喜欢的音乐，或是每完成一天的计划，可以看一场电影等。以一定时间为单位，给自己适当的奖励，是维持K书欲望的好方法。

摆脱低潮法

50 利用口香糖控制注意力

配合疲劳程度调整休息方式。

（木村淳 文科三类一年级）

要长时间K书,善于休息是非常重要的。在学习过程中,如果能巧妙转换心情,就能经常保持饱满的精神来K书。木村淳就是非常善于“控制休息”与“转换心情”的人。

“学习六十至九十分钟后,注意力就会逐渐下降。这时我会嚼几颗口香糖,以消除压力,赶走睡意,然后接着学习。一段时间后,如果再出现疲劳,就施行另一手段,采取比嚼口香糖更强烈的心情转换方式——弹二十分钟吉他。之后,注意力再度下降时,则改用比弹吉他更激烈的方式——从事轻松的运动。”

也就是说,木村淳按疲劳程度的不同而采取不同的心情转换手段,以消除不断累积的疲劳。

“嚼口香糖是第一阶段休息法。弹吉他、淋浴是第二阶

段。如果需要更强烈的转换方式,则可与友人外出一游。”

当然,与友人一起外出散心的方式只是偶尔为之,通常都是配合学习时间,选择适当时机休息。

“吃母亲做的菜是一种转换心情的好方法，因此可根据疲劳程度,适时将用餐时间安排在学习过程中。”

通常情况下,木村淳会利用嚼口香糖和弹吉他的方式缓解疲劳,但当压力累积到一定的程度时,他也会将注意力转移到享受美食上。

依疲劳的程度逐渐提高转换心情的手段，以消除不断累积的疲劳

“今天有什么好吃的菜?还有几分钟开饭?对晚餐的期待,很快就能化解压力。而且,吃饭的时候爱吃什么就尽量吃,不要顾虑什么食物会令人发胖。学习不是件轻松的事,好不容易等到期待的用餐时间,根本不用压抑自己。”这就是木村式的做法。

“学习时原想喘一口气，拿起漫画翻阅，不料却欲罢不能,结果不知不觉通宵达旦。”相信很多人都有类似的经验。

休息过程中最困难的是停止的时机。那么木村淳是如何应对此难题的呢?

“一开始就必须先确定休息时间的长短。休息时尽量放松，这样就会产生‘现在好好休息，等一下可得专心学习’的想法。”

不过，木村淳也并不是每一次都如此顺利。

“我也曾在休息时拖拖拉拉，不想重新拿起书本。这时我就会想象数小时后的可怕后果。换言之，就是必须在‘拖拖拉拉延长休息时间，结果被迫减少睡眠时间来学习’以及‘果断结束休息，按照预定计划学习，然后睡个好觉’两者之间，权衡利弊。”

本来，转换心情是为了消除压力，但如果因为休息而逼得自己牺牲睡眠，造成更大的压力，可就有点本末倒置了。所以，木村淳会面对事实，促使自己作出理性的判断。

51 憧憬理想的自己

憧憬理想的自己是摆脱低调的方法。

（齐藤步　农学系四年级）

长时间学习，难免会陷入低潮。数月前才充满野心："绝对要达到这个目标！"但没过多久就泄气，不想再碰书本。在这种情况下，如何才能找回K书欲望呢？

齐藤步采用下面的方法，以维持高昂的K书情绪。

"东大是我的目标，所以经常阅读东大毕业的人写的文章，同时我也会想象自己也能像他们一样。学习欲望消失的原因，主要是失去目标，不知道为什么而学习。所以我会在心里再次确认自己的目标，以找回学习的欲望。"

实际上，她曾以这个方法多次克服学习低潮。例如，她曾直接走进东大，然后在心里鼓励自己："真是令人向往的建筑，如果能在这里学习，将是非常快乐的事。"借助这种方法，激起学习欲望。换言之，就是想象达到目标时的自己，激发学

习的动力。

齐藤步除了想象成功的未来之外，也会回顾过去辛苦的经历，以维持长时间的学习欲望。

心里再次确认自己的目标，相信可以找回学习欲望

“看到已用到残破不堪的单词集和笔记本，我会受到极大的鼓励：已经付出这么多的努力，还差一点点就能达到目标！如果在这时放弃，前面的努力将付诸流水。”

当然，能够靠这种方法重新激起学习动力的，正是那些在过去就不断努力的人。齐藤步正是这样一个人。

52 利用"不纯"的动机

怀抱强烈动机者才能够获胜!

(加藤千夏 教育学系三年级)

"基于什么动机而学习?"对于长期 K 书的人而言,这是个不得不回答的问题。只要动机不变,即使一时陷入低潮,仍可很快重新站起来。

不过,这里所说的"动机",并不需要非常冠冕堂皇,只要能够激发学习欲望即可。

"我努力学习,是为了追求东大这个招牌。因为如果考进东大的话,一定可以碰到理想的结婚对象。"

这就是加藤千夏的 K 书动机。她的动机听起来似乎不那么"纯正",但这种想法可以促使她努力求学,达到目标,所以,也可算是一大成功。

只要明确保持能让自己努力学习的动机,即使不"纯正",也能产生极大的力量。加藤千夏就是很好的明证。

现在已在东大就读的加藤千夏,其持续努力求学的动机又是什么呢?她是这样回答的:“我是女生,如果由于留级而错过婚期那就糟了。所以为了避免留级,我不得不用功。”

适当压力可成为极佳动力

她这种想法与她备考东大时的动机算得上是一脉相承的。

“想到不努力求学可能发生的最坏状况,自然就会专心学习了。这是维持学习欲望的有效方法之一。”

换句话说,适当的压力可以转化为极强的动力。

53 将学习转变为最快乐的事

每天长时间埋首K书也不觉辛苦！

（上原沙织　文学系三年级）

“埋首K书对我来说并不是太辛苦的事。或许正因为如此，我在准备考试的K书过程中，并没有遭遇太明显的低潮。”

上原沙织的话在那些为学习而叫苦连天的学生听来，简直难以相信。但对他而言，学习越投入却越觉得有趣。

“以学习历史为例，在某个时期发生的某某革命使某某皇帝灭亡，这个事实本身确实无趣。但如果深入调查资料，了解背后的阴谋、其他国家的动向、该皇帝家臣的作为等周边知识后，就可形成一个故事，其趣味性也大为提高。”

当然，学生自身对教材的内容也必须有一定兴趣才行。

“以兴趣为出发点，然后深入探讨，就会发现学习的乐趣。例如，前面所举的历史学科的例子，我就是对该皇帝灭亡的真相发生兴趣,才进一步去调查的。结果发现学习历史非常有趣,自然就会更认真学习了。于是,就形成一个良性循环:知识增加,使学习乐趣提高,进而更努力学习。总之,不论学习什么科目,先找出自己感兴趣的内容是非常重要的。”

如果把学习看成一件痛苦的事,当然无法长期坚持。与其这样,不如找出自己兴趣所在,并以此为原点扩大知识面。当知识增加,深入了解后,就会产生乐趣。这时学习也变得不再痛苦。

也就是说,如果觉得长时间学习是痛苦的事,不妨自己设法将学习变成快乐的事。这就是上原沙织持续学习的方法。

54 不同科目使用不同的笔记本

面对不同的笔记本，新鲜感会油然而生。

（小坂田拓哉 教育学系一年级）

笔记的使用方法因人而异。通常，一个人的爱好具有一贯性，他所选择的笔记本几乎都是同一类型的。但小坂田拓哉的做法却不相同。

“从线条的粗细、封面的颜色到制造厂商，各科目使用的笔记本外观都不一样。例如，某科使用绿色封面、行距较宽的笔记本，那么另外一科就使用红色封面、纸张较厚的笔记本。这样，哪一本是哪一科的笔记便一目了然。准备学习时，只要把笔记本一拿出来，就能营造出‘现在准备读某一科，加油！’的气氛。”

不同的科目分别使用不同样式的笔记本，这样面对每一本笔记，新鲜感就会油然而生。这就是小坂田拓哉的目的。

55 不与睡魔对抗

激发面对危机时的潜在力量。

（西村秀美　工学系三年级）

原来精神饱满，但不知为什么，一听老师讲课、阅读参考书，或是背专业术语时就想打瞌睡。相信这样的人不在少数。有人说，K 书是对抗睡魔的战斗，这话一点不错。

但是西村秀美却一向不与睡魔对抗。

“在半睡半醒的状态下学习，毫无效率。不如放下书本，好好睡一觉，让精神恢复。不过，有时原来决定只小睡三十分钟，时间到了却爬不起来。一旦睡过头后醒来才惊觉‘啊，糟糕！’这是常有的事。不过，之后会产生一种危机感，学习反而更加专注。这就好像发生火灾时，人能产生高于往常数倍的力量一样。”

因睡过头而损失的时间，利用类似“面对火灾时的爆发力”来弥补，正是西村秀美与众不同的动力持续法。

56 利用DVD来调剂

利用 DVD 来调剂,能立即转换心情。

(泽岛胜则 文科一类一年级)

K 书过程中的休息固然愉快,但是陷阱也不少。比如心情放松之后就不想再碰书本,使休息时间大幅延长,让自己事后懊恼不已等。

休息时间会延长,原因就是不善于“转换脑子”。那么如何才能避免沉溺于休息时间,而立即转换心情,使注意力迅速回到书本上呢?针对这个现实的困扰,泽岛胜则想出了一个好方法。

“我经常观赏电影 DVD, 作为 K 书过程中调剂心情的方法。”

泽岛胜则这样说。他选择看电影作为休息方式的原因是:“影片时间固定,不至于拖拖拉拉。”

他表示:“以时间固定的方法来转换心情,注意力容易切换至书本上。除了电影之外，做体操、吃零食、洗澡等都不至于拖太长的时间。采取这些能果断停止休息时间的做法，很快就能重新开始学习。反之，上网、看电视、打电子游戏等则容易让人沉迷其中而无法自拔。所以，选择这些方式来休息是错误的。”

另外，他采取的下列做法也值得参考。

以时间固定的方法来转换心情，注意力容易切换至书本上

“我将休息分成‘短休息’与‘长休息’两种，在K书过程中均衡运用。例如，吃零食、洗澡为短休息，看电影、做体操为长休息。读同一科目时，中间穿插短休息，某一科目读完后则进行一次长休息。而且，长休息之后立即将另一科目的教科书和笔记摆好，给自己鼓励，使心情焕然一新。”

57 适当放松以找回学习欲望

如果已经厌烦请离开书桌。

（若杉由佳　农学系四年级）

为什么无法专心学习？为什么提不起劲?K书过程中，相信很多人或多或少都有这种体会。

“现在不学习，明天也可能重蹈覆辙，但是坐在书桌前却又毫无心情。”有这样烦恼的人，不妨试试若杉由佳的做法。

“即使不想学习，也要坐在书桌前，只读一些不太需要动脑筋的轻松内容。例如，听听英语教学录音带、看看参考书中的专栏等。”

这样做的目的是借此提高学习情绪，“虽然没有心情，不是依然可以学习吗?所以一定能继续下去的!”也就是说，就算是形式上的学习，也能给自己带来信心，使学习欲望复活。

K 书秘决
大比拼

积极的想法 VS 消极的想法

要长时间 K 书,如何才能使学习欲望持续?关于这个问题的回答,大致可分成两派,一派为“想象考取之后的光明未来,以鼓舞自己努力”;另一派为“想象失败后的自己,利用这种焦虑来刺激自己学习”。

前者的想法积极而正面,“想到明年就可以在东大就读。就会兴奋不已而更加用功”“想象和期待进入东大之后想做的事情”。另外,“回顾过去努力的过程,深信一定能考取”的想法也可归入这一派中。

后者则是想象自己是在进行背水一战,以激发陷入绝境时的最大潜力。例如,“过去曾经向周围的人吹嘘,不考取就丢脸了”“如果没考上,就无路可走了”。

另外,也有一些人属于混合型,会根据状况,分别使用“想象光明的未来”和“想象黑暗的未来”。例如,“成绩进步时想象‘光明来来’,以进一步提高学习动力。反之,情绪低落时则思考‘黑暗的未来’,为自己注入活力”。不过这种类型的人大多善于控制自己情绪,而且性格较为冷静。

结论:积极派“想象成功的样子”较能发挥实力。相反,勇于面对危机的人则可以借“想象失败的样子”来激发自己逆境中的潜力。

58 将笔记艺术化可提高学习兴趣

将笔记制作成艺术品可大幅度提升学习欲望。

（山本爱 工学系三年级）

上课时抄笔记是一件很辛苦的事。碰到讲话快速、滔滔不绝的老师，很多人想跟上他的进度都很困难。即使开始时非常认真抄写，但久而久之就会懒惰，甚至放弃。最后，上课时老师的说话声变成背景音乐，不知不觉竟打起瞌睡来。相信类似的情形大多数人已司空见惯。

那么，到底要如何才能始终保持上课勤抄笔记的心情呢?山本爱表示："以我自己来说，我会选择自己喜欢的笔记本，大多是印刷精致的活页式笔记本。使用自己喜欢的笔记本，上课时自然就会专心听讲，并整齐抄写。因为在自己喜欢的笔记本上潦草书写实在可惜。总之，好好抄写，使笔记本成为美丽的艺术品，才能提高阅读兴趣。"

为了将喜欢的笔记本制作成美丽的艺术品，她上课时总

是以专注的态度对待笔记。

“我全神贯注，简单而整齐地将老师所讲的话抄在笔记本上,根本没有闲工夫打瞌睡。”

她的笔记书写得非常整齐,完全不像是在课堂上当场抄写下来的。

好好抄写，使笔记本成为美丽的艺术品，才能提高阅读兴趣

“整齐地抄写笔记,阅读时可以产生满足感。而且我喜欢将笔记写得满满的，因此常选用格子较小的笔记本,并用细小的字书写。这样一来，有时一学期的课程只有十几页笔记,这让我觉得非常满意。

将笔记制作得如此精美,阅读起来自然感觉赏心悦目。这样绝对有助于经常翻阅,提高 K 书兴趣。”

59 弹奏钢琴，恢复精神

弹奏钢琴是转换心情的好方法。

（牧口有希　工学系三年级）

学习到厌烦时，如何转换心情，每个人的做法都不相同。牧口有希选择从小就有兴趣，而且至今从未间断弹奏的钢琴作为调剂心情的手段。

“学习累了，我就花三十分钟左右弹弹钢琴，顿时身心舒畅，这个方法对我再适合不过了。等心情好多了，就继续加油！我觉得利用弹钢琴来转换心情，很容易重新投入到书本上。”

其实，她的经验之谈中隐藏了许多“让心情转换”的提示。目前正在埋首 K 书的读者，不妨从自己的兴趣中找出适合的方式。

60 用恋爱心情引导学习欲望

用恋爱的心情引导出学习欲望是仅适合女生的学习方法。

（泷明日香　文学系四年级）

或许，将恋爱引入学习是最适合女生的学习法。泷明日香实施的K书法就可称之为“恋爱K书法”。

她在准备东大入学考试时曾有男友相伴。在准备考试期间谈恋爱有时会干扰学习，至少一般人普遍抱着这种想法，当然她本人也相当清楚。不过她反其道而行，为了不让周围的人认为她“因为陷入热恋而考不上大学”，反而更加倍地认真学习。

“我不愿让人认为我因为交了男友而考不上大学，这种想法成为我努力学习的一大动机。另外，当时的男友头脑聪明，我不希望他觉得我不够聪明，也是一个重要原因。”

这是泷明日香的做法。“恋爱”常被人拿来炫耀，但她却把恋爱的热情转化为学习的动力。

从下面的一段话，也能看出她的意图。

“当时，我在K书的同时也常想象自己考上东大之后，与头脑聪明的男友在一起的情景。也曾幻想周围的人对我们投以羡慕的眼光：‘真是理想的一对情侣。’因为梦想这种美好的未来，我加倍努力。”

之后她顺利考上东京大学。那么，她那位在某种意义上可称之为“恩人”的男友后来怎么样了呢？据她透露说，两人很快就分手了。

泷明日香以恋爱作为动力，顺利考取东大，然后果决斩断情缘，真是一位魄力十足的女生。现实中，应有不少女生与她类似，巧妙地利用恋爱心情，达到自己的目标。

但男生则需要注意。男生通常比女生更容易付出感情。而且，男生即使交了女朋友，也很难维持长久，反而有碍学习。换言之，这种学习法对女生非常有效，但是男生最好不要模仿。

泷明日香这种“利用恋爱使自己成长”的才能，现在仍持续发挥作用。她“乐于与喜欢的男生谈论各种话题’，“能与男友谈论深奥的问题令她觉得骄傲”，因此她也“勇于挑战艰深的书籍”。

泷明日香将恋爱转变成学习的动力，并借此而成长。她的做法应有不少值得借鉴之处。

61 将梦想公开后就无法退缩

将梦想公开后就会非达到目标不可。

(木山凉子　教育学系三年级)

“说出口的事,只有硬着头皮做下去。”在人生中经常会碰到这样的状况。“既然说出口,如果做不到,感觉很丢脸。”这或许是自尊心强的人所具备的特性。

向身边的人宣布梦想而逼得自己非努力不可

木山凉子就是利用这种心理,将自己导向正面的方向。她表示,过去曾经在亲戚面前若无其事地透露希望能考上东大。

“本来只是随口说说,但后来每次遇到亲戚,大家就会向我说:‘加油!’‘你要准备东大入学考试,这些零用钱请收下!’等。大家给我很大的鼓励,我当然只有勇往直前。”

木山凉子在亲戚面前不经意透露想报考东大的愿望,当时只是抱着“姑且一试”的心理，但既然已说出口，顿时就变成现实的课题。

“我不愿别人想‘大家全力支持你，结果你却辜负大家’或‘当初一副自信满满的样子，结果却……’在备考的过程中，我确实曾经打算更换跑道或放弃。

“但是我知道大家都反对，而且给了我很大的鼓励，因此只得勇往直前。不过现在想起来，因为向身边的人宣布梦想而逼得自己非努力不可，倒也不是坏事。”

从她考上东大的结果来看，她的“宣告”是非常成功的。

62 K书要在适当的环境下进行

运用环境影响力。

（高桥友香　教育学系三年级）

“我就读的高中，学生几乎都会参加东大入学考试，进入东大成为大家共同的目标。这对我来说或许是一件幸运的事。”

高桥友香表示，周围的人都希望进入东大，参加东大入学考试是很自然的，以此为目标来学习也没有任何特殊的感觉。在这种环境之下，她很早就养成每天努力K书的习惯。

“每天学习达到一定的量是很平常的事，因此从不觉得辛苦，只需依平时的进度进行即可。而且，我周围的人也大都如此。”

由此可见，身处有利于K书的环境对于长期K书的人而言，是非常有利的。

63 活动身体比小睡更有效果

慢跑十五分钟可赶走睡意。

（清水弘喜 理科一类一年级）

K书时阵阵睡意来袭，实在令人困扰。清水弘喜在每天学习的过程中，常利用慢跑来对付这个“敌人”。

“上午趁着头脑清醒，专心学习。下午容易出现睡意，我会在午后在附近慢跑十五分钟。但不会跑得太快，保持不至于疲劳的缓慢速度即可。跑完后冲个澡，可使人神清气爽，睡意全消。”

“虽然决定只睡三十分钟，可一旦睡着之后，有时很难在三十分钟之内醒来。由于经常无法战胜‘还想多睡一会儿’的诱惑而睡过头，我于是尝试以慢跑来赶走睡意。结果发现慢跑不但能在限定的时间内结束，而且

慢跑不但能在限定的时间内结束，而且可有效转换心情

可有效转换心情。也就是说,运动比小睡更能让头脑清醒。”

他认为,一直坐在书桌前学习,会形成强大的压力,使人昏昏欲睡,而运动则是赶走睡意的最佳方法。

“学习时出现睡意,或是感觉注意力不够集中时,我就在附近慢跑一下。学习与运动交互进行,不但能赶走睡意,更能使精力集中。”

64 整齐书写笔记可赏心悦目

整齐书写笔记是提高K书欲望的方法。

（上冈雅道　经济系三年级）

前面介绍了不少东大学生的学习法，这里稍微变换内容，介绍上冈雅道给他学生的建议。

上冈雅道在业余担任小学生的家庭教师。对于学生，他首先会让他们做一件事。

“字迹潦草的小孩，我会给他们一本印有格子的笔记本，让他们练习将字写整齐。我认为，写字潦草是因为没有把字写在规定的位置，结果龙飞凤舞，很难辨认。所以我给他们印有格子的笔记本，让他们首先练习写字。”

根据他的家教经验，学生们能够整齐地将字写在格子里之后，几乎无一例外地出现如下不可思议的变化：

“我规定学生每天写日记。随着他们的字越写越整齐，日记的内容也逐渐充实。同时，他们也开始主动抄写笔记。

或许是因为字变得漂亮了，让他们觉得写字是一件快乐的事，于是抄笔记和学习的欲望也随之提升。我在家教的过程中，发现学生们的这种变化非常明显。我总结了一下这其中的原因，认为如果写出来的字像蚯蚓般扭曲，写字本身就成为一件苦差事。相反，如果字写得整齐漂亮，学习当然变成快乐的事。”

不论抄笔记或整理笔记，总归是“书写”的工作，自然得用“书写”来解决这个问题。所以，如果说写字与学习息息相关绝不夸张。从这个角度说，上冈雅道教导学生“先练习写字”，算是走出了重要的第一步。

65 尽情玩乐十五分钟可提高学习动力

"不可虚度休息时间"这句话并不一定正确。

(大场和彦　经济系三年级)

"保留适度的玩乐时间,是保持 K 书欲望的秘诀",这是所有东大学生的共同理念。大场和彦更是主张即使只有短暂的休息时间,也要尽情玩乐。

"即使只有十五分钟,也尽情玩乐,其效果绝对优于无所事事地度过三十分钟休息时间。因为尽情玩乐过后,自然会想:'已经玩得尽兴,接下来得好好学习',之后的心情会明显改变。"

正如大场和彦所说的,他在东大入学考试前的一年间,上卡拉 OK 的次数不下一百次。但他断言,就是因为有这些"尽情玩乐"的时间,才能避免学习动力下降,长时间持续 K 书。

66 把自己“哄”向书桌

一面听收音机一面学习很有效果。

（石冢雄太 经济系三年级）

想要学习，但是双脚却迟迟不愿走向书桌。这样的人似乎不少。看到无趣的教材，脚步就变得异常沉重。因此，学习之前首先必须克服“不愿坐在书桌前”的障碍。有这种困扰的人，或许可以从石冢雄太为自己订下的规则中获得一些启示。

他是日本职棒阪神队的忠实球迷，每次在收听阪神队的比赛转播时，他会为自己订下一个规则。

“我规定自己收听阪神队比赛的收音机转播时，一定要坐在书桌前。所以，想要收听阪神队比赛，就算自己不愿意，也非坐在书桌前不可。坐定之后，再设法调整心情，让自己学习。走向书桌的难度较高，如果能克服这个障碍，打开书本其

实并不难。”

他还表示：“由于这个规定，有时即使睡意浓厚，也因为关心比赛而不愿轻易离开书桌。所以，如果要收听比赛，就得继续读下去。”

学习之前首先必须克服“不愿坐在书桌前”的障碍

但是，他有没有出现那种过于专注比赛而将书本丢在一边的状况呢？对于这个问题，他回答说：“听收音机不太容易发生‘太专心而把别的事情搁在一边’的情形。实际上我自己就是如此。不过，也有极少数时候因为比赛过于紧张而全神贯注于转播上。不过，比起这个负面因素，一面听收音机一面学习的好处要大得多。”

总之，在开始学习之前，设法先让自己坐在书桌前是非常重要的。不论动机为何，能坐下的人就可获胜。

67 重视一起学习的友人

友人是维持学习欲望的关键人物。

（大家理惠 农学系四年级）

“英语考试成绩远不如预期，受到这个打击，一时之间一点不想学英语。”大家理惠叙述自己的痛苦经验。

那么，她到底是如何摆脱低潮，重新拾起书本的呢？

> 只有与自己一同前行的朋友的话能够让人冷静倾听

“我是靠朋友的帮助。和我一起竞争、一起学习的朋友，为我注入了活力。朋友用一种非常体谅的话语安慰我。”

朋友说了什么话其实并不重要，重要的是他能够在自己最需要的时候提供安慰。

“在情绪最低落的时候，得到同甘共苦的朋友鼓励，可说是最好的走出低潮的方法。如果是不了解学习的辛苦或考试失败的痛苦的人来安慰我,或许心情反而会更加低落。只有与自己一同前行的朋友的话能够让人冷静倾听,而且他们那带有启发性的鼓励能使人重新出发。”

从她的例子可以看出,拥有具有共同目标的好友是维持K书欲望所不可欠缺的。

如果想向某个目标前进,不妨先寻找志同道合的好友。这样的朋友一定能提供方方面面的帮助。

68 在快乐与学习之间寻求平衡

在快乐和学习之间寻求平衡时维持学习动力的方法。

（松冈瞳　工学系二年级）

“我很早就强烈意识到一定要学习。而且对我而言，学习也是一件快乐的事。”松冈瞳这样说。

从小就喜欢拼图的她，认为能不断了解原来不懂的事情是非常快乐的。

稍微改变环境，就能使气氛焕然一新，不同的心情有助于持续学习

“理解了新知识，或是将它完全记在脑子里，令人感到快乐。不过，学习也有辛苦的一面。由于还有测验或考试等待着我们，并不能单纯以快乐的心态来对待学习。”

换句话说，松冈瞳之所以能够有恒心持续学习，是因为她在“快乐的感觉”与“非读不可”之间取得了适度的平衡。

69 在书桌前读腻了不如换个地方

寻找令人惊喜的适合学习的场所。

（大森美绘　文学系四年级）

近年来，在快餐店K书的人越来越多。对于餐厅老板来说，客人只点一杯饮料就待上大半天，的确给自己造成极大的困扰。“这里相当嘈杂，不太适合学习。”这或许是所有老板都想对占据座位的消费者说的话。

但是老板们眼中不适合学习的环境，却意外地受到很多人青睐。

大森美绘的情形也是一个很好的例子。她经常选择的学习地点居然是厕所和浴室。

“在书桌前读腻了，我会改到厕所里学习。虽然空气不太好，但却是最能让人心情安定的地方。我将马桶的盖子盖上当做桌子，每次大约在里面待个三十分钟左右。由于与外面隔绝，可以完全不受干扰。狭窄的空间反而能静下心来学习，

尤其适合需要记忆的内容。”

也就是说,她在书桌前读腻了,为了转换心情而将学习场所换至厕所。至于浴室,她是如何利用的呢?

“我一面进行半身浴,一面阅读参考书,大多是看伦理科的教材。因为只有测试基础学力的大学公共考试才会考伦理科,因此我不愿特别花时间去准备,只利用入浴的时间阅读就可以了。其实,一面半身浴一面学习,比想象中更快乐,值得一试。”

稍微改变环境,就能使气氛焕然一新,不同的心情有助于持续学习,这是大森美绘的实际经验。

如果想躲开快餐店老板们不悦的眼光,不妨在家中找找书桌之外也能学习的地方。或许在意想不到的地方,也能顺利 K 书。

70 读到兴起时不妨废寝忘食

不要错过愿意专心学习的好机会。

（竹下彻　理学系一年级）

相信很多人都有经验，在学习时，偶然会出现学习欲望特别旺盛的情形。这时注意力异常集中，对周围的事物完全视若无睹。

竹下彻认为绝不可错过这样的K书机会。

“我属于‘慢热型’，学习时需要较长的时间才能进入状态，所以对于好不容易才出现的旺盛的学习欲望，我绝不会怠慢。特别是注意力异常集中的时候，一定以K书为先，其他事情都暂时搁在一边，有时候连父母催促吃饭的叫喊声或手机的铃声都不理睬。如果不好好利用这难得的机会实在太可惜了。”

确实，能将注意力完全集中在书本上，对周围的事物视若无睹的情形不可能每天出现，当然应该好好利用。

那么，K 书需要较长时间才能进入状态的竹下彻，实际学习时是如何进行“热身”的呢?以下是他的方法。

“我知道自己较慢进入状态，甚至常会发呆，所以坐下之后会先拿出与学习科目相关的资料翻阅。这时我不拿笔也不使用任何工具，也不记任何内容，只是单纯翻阅而已。我就是以这种‘似读非读’的方式让自己慢慢进入 K 书状态，就好像帮助脑细胞热身一般。”

71 不妨改变原来的志向

勉强只会造成反效果。

（堀本若菜 文学系四年级）

为了达到目标而努力学习，但是却越读越痛苦，或是完全无法获得预期的成果。这时候，就应该重新检讨当初的目标。

本书最后就来介绍堀本若菜重新检讨目标，并修正轨道，最后达到理想结果的例子。

原本想当医生的堀本，最初选择理科，而且非常努力地向目标迈进。

"我希望进入医学院，因此对理科特别重视，但是数学和物理实在令我头痛。不过为了成为医生，我硬着头皮苦读，结果大学入学考试还是名落孙山。后来，我试着检讨原来的目标，重新思考自己到底想做什么？当初为了贡献社会而立志成为医生，但仔细想想，即使不当医生，同样能贡献社会。过

去我对医生这个职业过度理想化，而误以为‘只有成为医生，才能贡献社会’。”

堀本若菜重新检讨自己的目标后发现，即使继续走理科的路，自己也不太适合医生这项工作。

重新检讨目标并修正轨道，最后达到理想的结果

“于是我改变方向，改读文科，结果非常成功。我喜欢文科，而且成绩也明显进步。目前我在文学院就读，打心底认为：改走新的道路真好！”

对于改变目标，一般人常持有负面想法。但是像堀本若菜这样，因为当初设定的目标错误而修正轨道的做法，也未必不好。

不固执于当初的志向，尝试检讨自己的目标，或许也是正确的做法。因为，最初的目标未必真正适合自己。

这样 K 书也有效 (摆脱低潮法)

每周给自己放假一天,那天绝对不学习
(某大一女生)

学完一周计划的内容后,放自己一天假,那一天绝对不碰书本。为了迎接这一刻,你每天都会全力以赴。休假结束后则以崭新的心情跟自己说,“明天继续加油!”

每一科只读一小时,每天接触不同的科目
(某大三男生)

与其同一科目一天读四个小时，不如四个科目每科每天读一小时,更容易转换心情,效率也较高。

散步和肉包的吸引力成为持续学习的关键

(某大三男生)

为自己设定好休息的时间，走到户外，在自家附近散步，或是刻意到稍远的便利商店吃个肉包，以转换心情。长时间K书，即使是“吃个肉包”这样的小事，也可能成为一大乐趣。给自己一些小小的鼓励，可以有效转换心情。

高声呐喊“继续加油!”

(某大二男生)

学习的动力绝不会无缘无故产生，必须自己努力去发现。最好就是亲口喊出：“继续加油！”即使口是心非也无妨，只要为自己注入活力，学习欲望会不可思议地提高。

用数字来量化自己的成绩

(某大二女生)

以校内或全国考试的名次、录取分数、判定的标准等数字作为目标。明确显示数值，较容易了解自己的差距。

附　录

心理测验Ⅰ:你的学习习惯好吗?

本测试共16道题目,每题都有三个备选答案:

A.是

B.有时如此(或不一定)

C.否

请认真阅读每一道问题并如实回答:

1.在固定的时间进行学习吗?

2.学习时周围必须很安静吗?

3.是否经常查阅辞典、字典等工具书?

4.学习时有下意识动作吗?

5.是否在按自己制订的计划学习?

6.在学习中有经常沉迷于空想的时候吗?

7.学习结束后,收拾书桌吗?

8.有一边听广播或看电视一边学习的时候吗?

9.发回的试卷,自己能认真总结、分析原因吗?

10.是否是“平时不烧香,考前抱佛脚”?

11.你认为自己的预习效果不错吗?

12.不感兴趣的课程就不愿下大力气去学吗?

13.对所学的知识能够立即复习吗?

14.即使有不明白的问题,也不愿去办公室向老师请教吗?

15.即使有你喜爱的电视节目,是否也要坚持完成当天的学习任务再去看?

16.是否经常出现对书本毫无兴趣而浪费时间的现象?

评分方法

奇数题选 A 记 2 分,B 记 1 分,C 记 0 分;

偶数题选 A 记 0 分,B 记 1 分,C 记 2 分。

将各题分数相加,得出总分。

总分在 27 分以上,表明你的学习习惯非常好;

22~26 分,学习习惯较好;

16~21 分,学习习惯一般;

15 分以下,你的学习习惯很差,需要改正。

心理测验II:你适合哪一种职业?

请你在符合自己表现的项目前打“√”,然后统计出项数。

一、语言智能:有关阅读、说话、写作、写字的能力

( )1.我的写作能力比同龄人要好一些。

( )2.我常讲故事给别人听。

( )3.大家都爱听我说笑话。

( )4.我很快就能记住人名、地点、日期和发生的事情。

( )5.我喜欢玩文字接龙、猜谜语游戏或填字游戏。

( )6.我喜欢看书。

( )7.我不会写错字。

( )8,我喜欢绕口令、俏皮话、双关语或儿歌。

( )9.我爱听故事、相声或广播节目。

( )10.我说话时所使用的词汇量,超过同龄人。

( )11.我很会用语言和别人沟通。

( )12.我很会编故事。

( )13.我写过一些文章,能得到他人的注意和赞赏,这使我很自豪。

( )14.我能说服别人同意我的想法。

( )15.在学校,语文、历史对我来说比数理化容易。

二、逻辑数学智能:有关自然科学、数学的能力

( )1.我常问一些关于做事程序或怎么做的问题。

( )2.我的心算能力很好。

( )3.我喜欢数学课或自然课。

( )4.我对数学游戏或电脑感兴趣。

( )5.我爱玩象棋或其他策略游戏。

( )6.我喜欢做一些逻辑推理或智力挑战的难题。

( )7.我喜欢把事物分类或分等级。

( )8.我喜欢做高难度的实验或过程复杂的思考。

( )9.我比同龄人更会进行抽象思考。

( )10.我比同龄人了解事物的因果关系。

( )11.我喜欢对事物提出假设,再想办法证明对不对。

( )12.我喜欢玩与逻辑有关的游戏或智力测验。

( )13.我对被测量、归类、分析确定过的事物比较容易相信。

( )14.我喜欢寻找事物的规律、形式及逻辑顺序。

( )15.我崇拜很多科学家。

三、视觉空间智能:有关美术、劳作、雕塑的能力

( )1.当我闭上眼睛时,我可以在脑子里想象出清晰的影像。

( )2.我喜欢看有很多图解的阅读材料。

( )3.我喜欢图画、劳作或雕塑。

( )4.在美术的学习上,我比同龄人表现得更好。

( )5.我爱看电影。

( )6.我喜欢玩拼图、走迷宫。

( )7.我爱玩积木,或者有趣的立体模型。

( )8.我爱看美术作品。

( )9.我喜欢随手涂鸦,拿笔画画。

( )10.我常用照相机或录像机拍下我周围的事物。

( )11.我能在脑子里想象各种可能的新事物。

( )12.在学校,几何对我来说比代数容易。

( )13.我认识道路的能力很棒,即使在陌生的地方也很容易找到路。

( )14.我能用简单的图说明去某一个地点要怎么走。

( )15 我能适当地搭配颜色,让人觉得好看。

四、身体运动智能:有关运动、舞蹈、戏剧、操作的能力

( )1.我能用脸部表情和身体动作代替说话,表达我的想法。

( )2.我喜欢参加体育活动或进行体育练习。

( )3.我坐不了多久,就想起来活动。

( )4.我喜欢缝纫、编制、雕刻、木工或做模型等需要动手的活动。

( )5.我喜欢拆开物品或组装物品。

( )6.学习新事物时,我常利用触摸、操作的方法。

( )7.我喜欢跳舞。

( )8.我喜欢演戏。

( )9.我的动作比同龄人更协调。

( )10.我的身体协调能力比同龄人更好。

( )11.我喜欢不断练习,让自己跑得更快、跳得更高。

( )12.动手做能让我学得更快、更好。

( )13.我最好的想法常出现在走路、跑步或做一些肢体活动时。

( )14.我常喜欢在户外活动。

( )15.我与人谈话时,常用手势或肢体语言。

五、音乐智能:有关唱歌、演奏、填词、作曲的能力

( )1.我能听出别人唱歌唱得不准。

( )2.我的歌声很好听。

( )3.如果我听一首乐曲一遍到两遍,一般能准确地唱出来。

( )4.我会弹奏一种乐器。

( )5.我参加一个音乐团体,如合唱团。

( )6.我能跟着音乐拍打正确的节奏。

( )7.我喜欢听音乐。

( )8.我走路的时候,脑子里自然出现某种我熟悉的旋律。

( )9.我喜欢自编旋律。

( )10.我喜欢改变歌词。

( )11.我能辨别不同音乐所表达的情绪。

( )12.我经常在写作业或走路的时候,哼唱熟悉的曲子。

( )13.我对生活环境中的声音很敏感。

( )14.如果没有音乐,我的生活很无聊。

( )15.我知道很多歌曲和乐曲的旋律。

六、人际交往智能:有关了解别人,与人相处、交朋友的能力

( )1.我常带领一些同学一起玩游戏。

( )2.我喜欢和别人一起运动,例如打篮球、打羽毛球、打棒球。

( )3.我为碰到问题的朋友提供意见。

( )4.我有两三个最要好的朋友。

( )5.我周围的人都很愿意向我征求意见和建议。

( )7.我能从脸部表情察觉别人是不是喜欢我。

( )8.我能从声音察觉别人是不是喜欢我。

( )9.我能从声音或手的动作判断别人是不是在攻击。

( )10.当我碰到问题时,我愿意先主动找别人帮忙而不是先试图自己解决。

( )11.我会关心别人的心情好不好。

( )12.当别人反对我时,我会考虑他为什么会这样做。

( )13.我在人群中感到很舒服。

( )14.我喜欢参加单位、地区的社会活动。

( )15.我喜欢参加单位聚会而不愿一人待在家里。

七、内省智能:有关沉思、反省、了解自己的能力

( )1.我常常静下来,想一想自己所遇到的问题。

( )2.我可以一个人独自玩耍或学习。

( )3.我从各种反馈渠道中,清楚了解我的优缺点。

( )4.我喜欢独自工作,而不是和别人合作。

( )5.我清楚自己喜欢什么,不喜欢什么。

( )6.我清楚了解自己快要发脾气了。

( )7.我清楚地了解自己的兴趣和嗜好。

( )8.我能正确说出自己的感觉。

( )9.我不做自己完成不了的事。

( )10.我按照自己的标准完成工作。

( )11.我确定自己是一个有价值的人。

( )12.我的个性独立、意志坚强,不依赖别人。

( )13.我每天都记日记或静静的反省自己做过的事。

( )14.我喜欢接近大自然,不喜欢热闹的人群。

( )15.我经常思考我的重要人生目标。

根据自己回答的情况进行统计,记录上面测试中你的每一种智能类型的符合项数,写出适合该种智能类型的个性学习方式、有效的学习环境以及将来可能的典型的职业取向。在七个项目中哪个符合项数较高,则说明你的这种智能占优势,可能很适合进行与此种智能类型相关的学习和工作。

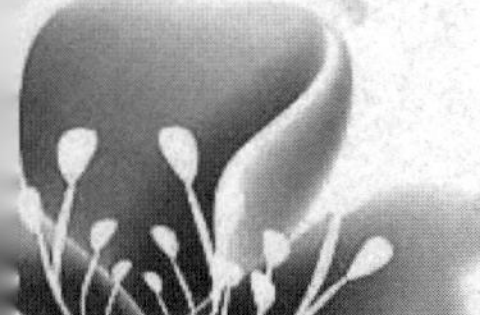